快手营销与运营全攻略

直播带货 + 电商变现 + 品牌营销 + IP打造

陈永惠 著

中国经济出版社

图书在版编目（CIP）数据

快手营销与运营全攻略：直播带货、电商变现、品牌营销、IP打造 / 陈永惠著. --北京：中国经济出版社，2020.9

ISBN 978-7-5136-6221-5

Ⅰ. ①快… Ⅱ. ①陈… Ⅲ. ①网络营销 Ⅳ. ①F713.365.2

中国版本图书馆CIP数据核字（2020）第119088号

责任编辑　张梦初　陈宇慧　戴瑛
责任印制　巢新强
封面设计　卓义云天

出版发行　中国经济出版社
印 刷 者　北京力信诚印刷有限公司
经 销 者　各地新华书店
开　　本　710mm × 1000mm　1/16
印　　张　17
字　　数　233千字
版　　次　2020年9月第1版
印　　次　2020年9月第1次
定　　价　49.80元
广告经营许可证　京西工商广字第8179号

中国经济出版社 **网址** www.economyph.com **社址** 北京市东城区安定门外大街58号 **邮编** 100011

本版图书如存在印装质量问题，请与本社销售中心联系调换（联系电话：010-57512564）

编委会成员名单

陈楚楚

益齐来(厦门)网络科技有限公司CEO

福建省微电商行业协会副秘书长

资深互联网人，对于传统企业转型移动互联网营销有着丰富的成功经验。具有电子商务团队建设、电子商务品牌策划与营销设计的实践能力。担任多家互联网、实体、进口品牌运营顾问，是电商消费扶贫践行者。

陈伟福

福建省小夫信息科技有限公司CEO

福建省海峡电子商务研究院副主任

深耕于社交电商、短视频电商、直播电商等移动互联网营销生态，擅长传统企业线上转型解决方案，帮助过数千家企业成功打造社群私域流量与直播电商新模型。

柯景在

泛在网络科技CEO

福建省科技厅 科技特派员

县域电商、内容电商领域的深度思考者与实践者，一直活跃在福建省电商领域一线讲堂，常年服务于福建省商务厅、厦门大学等，国内电商领域著名培训师。

Preface

前　言

3亿日活量，200亿条短视频，2.5亿人发布作品，3500亿次点赞，这些数据有力地证明了快手已经成为一个新的流量基地。在互联网时代，有流量的地方就有营销。

2019年至今，快手策划了无数场成功的营销活动，如与成都宽窄巷子合作的“筷味江湖”、与支付宝合作的“寻找中国福娃”等。2020年2月，快手电商推出“全民战疫，携‘手’助农”活动，邀请众多主播为公益农产品免费带货；4月，随着新冠肺炎疫情得到控制，湖北全面复工复产，央视主持人欧阳夏丹携手王祖蓝等明星在快手直播带货，成交额6100万元；5月，董明珠进入快手直播间，直播带货3小时成交3.1亿元……

为什么品牌、企业、创业者如此热衷于在快手平台开展营销活动，进行直播带货呢？

- 首先，快手用户对电商存在“天然”好感，对电商的接受程度高于平均水平，对家装、珠宝首饰和3C产品的偏好程度更高，这就给品牌、企业开展快手营销奠定了良好的用户基础。
- 其次，快手用户对主播存在强信任关系。在快手平台，用户有一个非常特别的称谓——“老铁”。快手“老铁”对主播的信任度极高，对其推荐的产品的接受度也很高。据调查，32%的快手用户会因为信任主播而购买其推荐的商品，这种强信任关系给品牌主高效触达目标消费群体提供了极大的便利。

- 再次，快手“老铁”会像淘宝等电商平台的用户一样分享购物体验，使转化率与复购率大幅提升。在快手平台，如果用户对主播推荐的商品感兴趣，会直接在评论区询问其他消费者，或者根据评论区其他用户对商品的评论决定是否购买。从这个层面看，快手电商就像一个小型的淘宝平台，为品牌营销、直播带货奠定了良好的生态基础。
- 最后，快手的内容和类型进一步丰富，涌现了20多个垂直品类的高质量创作者群体，包括明星、体育、萌宠、美食、美妆、游戏等，快手的内容创作者生态不断丰富，为其持续拓展营销边界提供了强有力的支持与助力。

另外，近两年，为了加速商业化进程，快手推出了一系列利好措施，例如，“光合计划”扶持内容创作者，全面发力快手电商；“创作者激励计划”“快接单”助力内容创作者的内容变现；“真会选”借“严选+推荐”模式聚合内容势能和粉丝经济，帮助品牌沉淀社交资产，实现流量增量，构建销售闭环；“蜂芒计划”赋能IP打造，助力红人自有超级事件，精准匹配不同行业品牌主的营销需求，为品牌提供多元化的营销解决方案，为品牌打造爆款、沉淀私域流量、完成高效转化提供便利，帮助品牌在快手公域和私域流量池中挖掘增量。

在此形势下，品牌、企业迎来了入驻快手、开展快手营销的最佳时机。品牌、企业想要做好快手营销，将其价值全面释放出来，达到超预期的营销效果，必须对快手平台进行深入了解。正所谓“知己知彼，百战不殆”，品牌和企业必须全面了解快手营销的底层逻辑、转化变现的主要渠道、直播带货的注意事项、内容创作者投放的核心原则等。

本书从产品运营、直播带货、电商变现、品牌营销、IP打造5大层面，内容生态、商业化升级、直播带货、圈层经济、工具赋能、营销赋能、内容营销、广告营销、红人带货、品牌IP打造、IP营销等17个角度对快手营销进行全方位解读。本书案例丰富、图表详尽、内容实操，适合快手主播及普通用户，有意挖掘快手流量、开展快手营销的商家、品牌、企业经营者，以及快手研究者阅读使用。

本书导读：

Part 1　产品运营篇。该部分主要介绍快手的基本知识，包括快手的产品定位、运营模式、推荐算法、盈利模式、内容生态、商业化变现的底层逻辑、独具特色的“老铁经济”以及商业化战略升级，带领读者从宏观层面了解快手，对快手形成整体认知。

Part 2　直播带货篇。直播带货是快手营销的核心内容，该部分主要介绍快手直播带货，帮助品牌、企业、个人完成流量变现的底层逻辑，从直播前的活动准备与预热、直播中的用户激活与营销、直播后的数据复盘与反思3个角度对直播带货流程进行拆解，为品牌、企业、个人策划一场成功的直播带货活动提供最实用的指导与建议。

Part 3　电商变现篇。快手电商是快手商业化的核心战略之一，也是企业、品牌、个人开展快手营销、完成流量变现的重要工具。该部分讲述了快手电商的升级发展，包括“麦田计划”“靠谱好货”“源头好货”等战略；借圈层经济掘金垂直电商的3大策略；快手电商的两大工具——快手小店与快手商家号的使用规则与注意事项。

Part 4　品牌营销篇。该部分主要解决4个问题：第一，品牌如何开展快手营销，快手平台为品牌营销提供了哪些支持？第二，品牌如何打造爆款内容，做好内容营销，引爆传播？第三，品牌如何精准投放广告，通过广告营销完成流量变现？第四，品牌如何投放红人营销，完成私域流量转化与变现。

Part 5　IP打造篇。超级IP是快手营销的核心引力，该部分主要帮品牌解决IP打造问题，包括如何识别高价值IP，如何做好品牌的IP化运营，IP打造的7大流程，如何通过短视频吸粉引流、打造IP。

Contents

目　录

Part 1

产品运营篇

第1章

快手时代：全方位解构快手短视频

产品定位：强势崛起的内在动力

自上线以来，快手短视频从未刻意推广，一直以低调的姿态存在于短视频行业。与美拍、秒拍等定位高端的短视频产品相比，快手更贴近生活、更真实。下面，我们立足于快手诞生的行业背景与市场环境，对其产品定位进行详细分析。

◆快手App所在行业情况

快手短视频诞生于2011年3月，自上线之日起，快手就开始有意识地沉淀用户，并创造性地采取了“社区驱动产品发展”的战略。在用户沉淀与积累阶段，快手聚焦社区，将所有精力投放在用户运营与内容运营方面，专注于社区文化氛围的营造，以社区内容为依托开展自发传播，没有刻意策划过任何营销活动，在用户运营与内容运营方面也没有采取任何特殊方法与手段。

在快手短视频发展同期，短视频行业相继出现了很多视频社区应用，如美拍、秒拍、小咖秀等。虽然这些应用满足了用户分享自我、消遣娱乐的需求，但在每天都有新事物、新内容出现的时代，人们的注意力越来越稀缺。在这种情况下，快手依然能保持高用户黏性与高复用率，在短视频行业强势崛起，其背后的原因是什么？

如果对快手进行深入分析就会发现，其在众多短视频产品中强势突围，逆向成功的原因可以归结为两点，如图1-1所示。

图1-1　快手在短视频行业突围的两大原因

第一，在快手短视频诞生之前，市面上的短视频产品面向的都是主流媒体与主流创业者，不适合普通大众使用。在这方面，快手另辟蹊径，面向普通大众，满足了他们展现自我、发表言论、娱乐消费的需求。正因如此，快手才能在互联网巨头高度垄断的时代突破垄断边界，成为一个专属于普通人“记录生活、分享生活”的阵地。而这些普通人恰恰是规模庞大的中国网民。

第二，快手始终坚持不面向某一特定群体开展运营活动，不与明星、达人签约，不对内容进行分类，不给内容创作者下定义，给用户绝对的自由。因为没有限制，大量普通用户涌入快手平台，自由地创作内容，展现自己的才华与魅力，吸引了大量粉丝，由此形成了一个良性循环，使用户规模越来越大。

◆快手App的产品定位

快手的成功离不开准确的产品定位，而产品定位必须考虑两大要素：第一，目标用户是谁？第二，目标用户的核心需求是什么？下面对这两点进行具体阐述。

（1）目标用户。

相较于其他的短视频平台，快手的主流用户以四五线城市的年轻人为主，年龄小、学历低、收入低、多生活于农村地区，这类群体的生活比较单调、生活节奏比较慢，需要一个平台来消磨时间、获得快乐。另外，这类群体的社会关注度比较低，颜值不高，没有独特的才艺与技能，与主流的互联网环境有些脱节，但希望获得关注，快手就为他们提供了这样一个平台。因为快手对每个用户都是公平的，无论颜值高低，也无论是否有特殊才艺，只要发布的内容能获得其他用户的认可，就能获得大量粉丝拥护。

目标用户分析可以从用户场景分析与用户需求分析两个层面进行，具体如表1-1所示。

表1-1 快手目标用户分析

项目	主播	观众
用户场景分析	快手主播在日常生活中大多从事一些重复性的工作，认为自己的生活枯燥且无趣，而且没有什么特殊技能，无法获得别人关注。为了排解苦闷，获得他人认同，他们开始在工作之余拍摄短视频，分享自己的生活，一边展现自己，获得一定的成就感，一边给他人带来快乐。另外，还有一些主播深夜无事，通过直播与粉丝聊天打发时间，同时还能获得一定的物质回报	大多数快手观众生活节奏比较慢，空闲时间比较多，周围可用的娱乐设施寥寥无几，无法看到自己喜欢的内容。快手平台上的内容非常贴近这类人的生活，所以很容易获得他们的认可与追捧

续表

项目	主播	观众
用户需求分析	快手主播希望通过制作、发布短视频获得平台用户认可，积累独属于自己的粉丝，获得成就感。还有一些主播希望通过直播、电商等途径实现流量变现，获得一定的经济回报	观众希望通过快手平台发现有趣的内容，满足自己的娱乐需求。因为快手平台的内容非常丰富，例如猎奇、技能教学、搞笑段子等，而且创作者的生活背景与他们相似，非常容易产生共鸣。另外，观众在快手平台找到自己心仪的主播之后，还能与主播直接交流，获得“追星成功般”的快乐

（2）核心需求。

诞生之初，快手只是一款专门用于制作GIF动图的工具型产品。从2012年开始，快手开始向短视频社交产品转型，2013年转型完成，2016年上线直播，快手彻底摆脱了工具产品的身份，成为一款真正意义上的短视频产品，其核心功能也转变为制作、上传短视频，观看短视频。

如果用马斯洛需求理论进行分析，快手满足了用户的高阶需求。在快手平台，用户不仅可以观看自己喜欢的内容，还能与其他短视频制作者交流，使自身的社交需求、娱乐需求得到极大满足。短视频创作者通过上传短视频获得用户认同与赞赏，使自我实现需求得到了满足。有些粉丝规模上百万的短视频创作者已经将制作、发布快手短视频视为实现自我价值的有效途径。

总而言之，作为一款短视频社交产品，快手已经成为用户娱乐消遣的必备工具，其不仅可以将生活的点滴快乐与感动记录下来，还能展现自我，获得成就感、满足感。

运营模式：用户与平台双向约束

在产品运营方面，快手一直秉持“将平台交给用户”的原则，不过多干预，通过这种方式使平台一直保持较高的活跃度。下面，我们从产品的核心逻辑、产品结构、版本迭代与运营策略4个方面对快手短视频的运营模式进行具体分析。

◆核心逻辑

快手的业务逻辑比较简单，其核心业务就是“制作”“上传”“分享”“点赞”“评论”，以短视频内容为基础，融入社交元素，让用户通过观看视频发表评论来表达自己的想法，并辅之以比较隐藏的“私信”功能，帮助用户与短视频创作者建立更紧密的联系。

◆产品结构

从产品结构来看，快手操作简单，在首页点击“录制”就可以制作短视频，向广大用户分享自己的生活，同时，滑动屏幕就可以看到其他人有趣的生活。对于用户来说，如此简单的功能与操作极大地降低了进入门槛与学习成本。

◆版本迭代

快手App的发展可以划分为3个阶段，如图1-2所示。

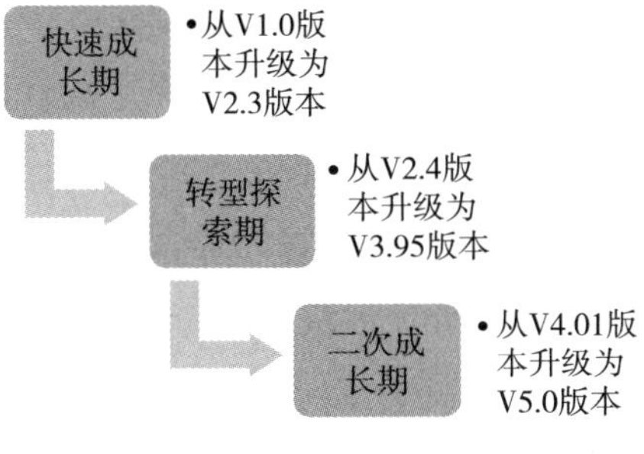

图1-2 快手App发展的3个阶段

第一阶段：快速成长期，快手从V1.0版本升级为V2.3版本。在此阶段，快手是一款GIF制作工具，但GIF动画制作与上传功能都不完善，用户评价较差。为了完善产品功能，带给用户更好的体验，快手不断修正版本，产品迭代速度极快。

第二阶段：转型探索期，快手从V2.4版本升级为V3.95版本。在此阶段，用户评价非常多变。在V3.4版本出现之前，快手通过不断打磨产品功能获得了广大用户的认可，好评如潮。但在V3.4版本上线之后，用户评分一落千丈。为扭转产品口碑，快手迅速推出V3.5版本，用户评分缓慢上升。之后，经过一系列迭代与优化，用户评分逐渐恢复到正常水平。

第三阶段：二次成长期，快手从V4.01版本升级为V5.0版本。在此阶段，随着产品不断发展，社区内的用户内容越来越多，质量越来越差，招致不少差评，用户评分再次低于平均水平。为了改变这种局面，快手做了一系列调整与维护。

◆运营策略

在第一阶段，作为一款GIF工具类应用，快手的运营重点集中在微博上，通过微博分享与传播吸引用户，使用户规模不断壮大。

在第二阶段，快手进入转型探索期，改变了早期首页内容随机分发的推荐机制，开始结合用户的兴趣偏好、地理位置、个人属性、社会热点话题等进行个性化推送。随着产品不断迭代，快手的社区文化越发成熟，并且形成了独特的运营方式，实现了用户去标签化，使社区内所有用户的作品都有机会曝光。这种低门槛、重内容的运营模式吸引了大量用户，快手的用户群体再次得以壮大。同时，快手不断引入社交元素，增强互动体验，使用户黏性与活跃度不断提升。

在第三阶段，快手社区趋于成熟，具备了自增长能力，社区内优质的内容可以自动引流、传播，同时，社区内良好的氛围保证了新用户留存。

从整体来看，快手的运营模式比较有特色，没有明显的运营痕迹，甚至可以说是将运营权交到了用户手中，这一点可以从以下几个方面得以窥见，如图1–3所示。

图1–3 快手运营模式的3大特色

- “发现”中的推荐短视频。快手是一家技术驱动的公司，“发现”中的短视频都是通过算法推荐的，也就是根据用户的观看历史为其推荐类似内容。
- 用户关系。快手没有为短视频设置标签、分组，坚持将用户创作的内容原汁原味地呈现，用户可以关注他人，也可以被他人关注。对于快手来说，平台上的用户只有一个身份，就是快手用户，不会为高人气用户提供特殊政策。
- 管理规则。从表面上看，快手给用户提供了一个比较自由的空间，但实际上，用户在平台发布的所有内容都会受到一定的约束，绝对不会有违法违规的内容出现在平台上，一旦有用户上传违法违规内容，就会被永久封号。

综上所述，快手的运营模式确实比较独特，一方面让用户掌握运营权，另一方面又对用户行为进行约束。为了做好内容约束，快手还成立了“自律委员会”，用户可以申请加入成为其中的一员，对平台上的内容进行审查，维护平台良好的内容环境。快手的这种做法非常巧妙，让用户监管用户，官方不过多地触碰用户，使监管效果达到最佳。

推荐算法："千人千面"的定制推送

快手App的产品前端非常简洁，首页主要由"关注""发现""同城"三大模块构成，即便更新了很多版本，这三大模块也始终保留。快手简单的产品前端设计依托的是其强大的个性化推荐算法。

从商业角度来看，互联网产品设计强调抢夺用户关注，延长用户停留时长，提高用户黏性，为变现提供强有力的支持。对于短视频平台来说，打开率、停留时长是两大关键指标，快手依托个性化推荐算法在这两个方面表现得非常优异。

快手个性化推荐算法以全方位的数据分析为基础，对用户需求进行深入挖掘，实现"千人千面"的定制推送，为用户创造良好的产品体验，从而沉淀一批忠实用户。

◆交互影响算法

交互界面具有搜集用户数据、提高推荐精准度的作用。因此，在设计算法时，快手也充分考虑了交互因素。通过观察可以发现，很多社交媒体都会在产品首页设置分类、热度排行榜来为用户推荐内容，快手并没有如此。快手选择结合红心量、按照某种规则向用户推荐内容，在用户不登录的情况下，快手将以瀑布流的形式展示内容，而优先展现在用户面前的是红心量较多的短视频。

这些短视频大多有几千个甚至是几万个红心，少部分有几百个或几十个红心，但是短视频排序不是根据红心数量决定的，几万个红心的短视频可能排在几千个短视频的后方。此外，快手向用户推荐短视频还会考虑时效性，即一天内的视频优先展示。如果用户点击几个短视频观看后再刷新时，系统就会向其推荐更多类似视频。

为什么快手不设排行榜，且以红心量来推荐短视频呢？虽然设计热度排行榜更容易引导用户观看，培养超级达人，但会导致腰部和尾部创作者得不到流量支持，导致平台无法形成良性的内容生态，而且违背了快手坚持去中心化，每个人都是生产者和记录者的运营理念。

快手之所以选择根据红心量推荐短视频，是因为与播放量相比，红心量更能反映用户对短视频的评价。用户可能会因为标题、封面等因素点击观看，但未必会点赞表示喜欢。从这方面来看，红心量更多地体现了用户思维，而播放量体现的是流量思维。

◆推荐方法覆盖不同需求

为帮助用户获得需要的短视频，快手整合了多种推荐算法。与此同时，快手根据用户体验与反馈对算法不断优化完善，确保算法能够迎合时代变化。

用户登录快手后，系统将使用“发现”“关注”“同城”3个标签为用户推荐短视频。其中，“发现”则是快手根据协同过滤系统和内容过滤系统为用户推荐合适的作品；“关注”标签展示用户关注的创作者发布的视频，视频顺序根据发布时间决定，即新发布的视频优先展示；“同城”是快手根据地理位置定位系统为用户推荐附近的人发布的作品。快手推荐算法的3大逻辑如图1–4所示。

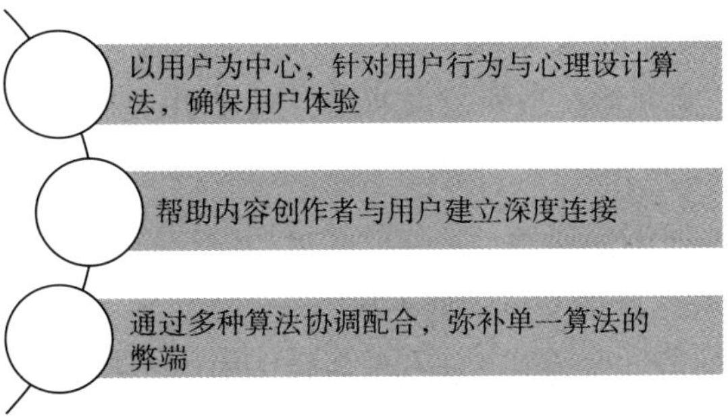

图1–4 快手推荐算法的3大逻辑

在产品设计角度上，好的产品应该尽可能的简单明了，便于用户理解与操作。而短视频用户最主要的需求就是观看短视频，快手在设计产品时必须考虑怎么满足这项需求。在App上增加功能并不复杂，但过多的功能会增加操作难度，让用户抓不住重点。为避免这种情况发生，快手放弃了很多复杂功能，力求产品简单易操作。

事实上，快手“发现”标签使用的协同过滤系统与内容过滤系统相结合的推荐模式，也是当前短视频平台普遍采用的推荐模式。协同过滤系统通过分析用户历史观看行为来发现用户的兴趣爱好，然后进行针对性推荐。但该推荐系统有一个弊端，就是不能冷启动，无法完成对新用户、新项目的有效推荐，因为这些新项目、新用户缺乏历史行为数据。所以，协同过滤系统需要与内容过滤系统等其他系统联合使用。内容过滤系统是对内容进行分析，找到内容标签，如“90后”、上班族等，然后推荐给相关用户。

随着用户数据不断积累，快手推荐给用户的短视频将变得越来越精准，因为后台系统会记录用户的关注、评论、点赞、分享、观看时长等重要数据，根据这些数据调整推荐的内容类型。

“关注”在创作者与用户之间架起了一座桥梁，为创作者的内容提供了更多曝光渠道。“关注”主要根据时间维度为用户推送内容，因为用户关注的创作者大多得到了用户的认可与喜欢，这些创作者上传的短视频要让用户第一时间看到。

创作者上传短视频时可以通过输入一段描述性文字、添加话题、@好友等方式提高系统推送的精准性。同时，快手系统会自动对短视频内容进行分析，根据某种模型提取短视频标签（也称作关键词），然后将其推荐给相应的用户。

“同城”标签根据创作者上传作品时设置的位置进行推荐。因为同城用户距离较近，相互之间的交流沟通不局限于线上，线下面对面交流更容易建立信任关系。所以，快手设置“同城”标签为用户推荐短视频作品很有必要。不过，正在直播或购买了置顶推广增值服务的创作者的作品会优先展示。

◆社会化过滤系统

快手的社会化过滤系统可以理解为通过分析用户的社交关系来推荐短视频。一方面，用户登录快手时，可以使用QQ、微博、微信账号登录，此时快手会分析用户在这些社交媒体中的行为与数据，根据这些数据向其推荐短视频。另一方面，快手支持用户导入手机通讯录，与手机通讯录中注册快手账号的亲朋好友建立连接，将用户线下的社交关系转移到线上。

此外，快手的社会化系统还会根据用户关注的用户来推荐用户，如用户A关注了用户B，快手系统分析后发现用户B创作的内容与用户C创作的内容属于同一个领域，从而得出用户A可能对用户C创作的内容感兴趣的结论，进而将用户C推荐给用户A。

盈利模式：商业化变现的主渠道

生于百家争鸣时代的快手，从最初的工具产品开始走的就是比较常规的To C模式，用了4年的时间沉淀积累，终于在2015年6月爆发，用户量突破1亿，开始探索商业变现之道。快手的商业变现渠道有4条，如图1–5所示。

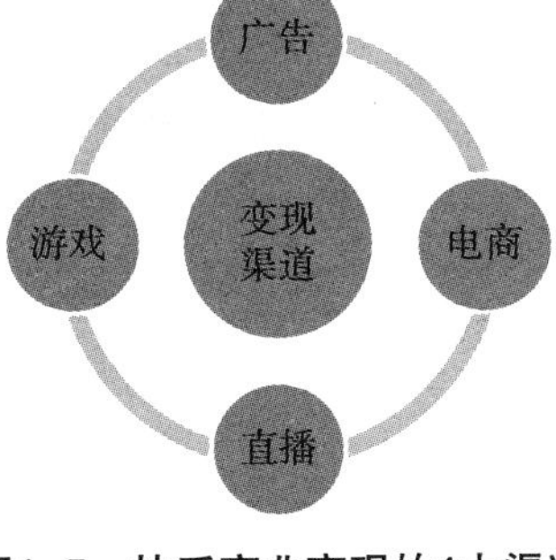

图1–5 快手商业变现的4大渠道

◆广告

近几年，越来越多的广告主将营销预算向移动端转移，而作为移动端流量洼地的短视频平台很自然地成为广告主关注的焦点，这就为快手发展广告业务带来了诸多便利。目前，快手已经有了多种广告展位，如开屏广告、话题标签页广告、信息流广告等。

快手话题标签页广告可以增进品牌与用户的互动，缩短品牌与用户的距离，助力企业开展精准营销。快手信息流广告则采用双瀑布流的展现形式，能够在一定程度上降低广告植入对用户的负面影响。当广告封面缺乏吸引力时，这种广告就很难取得预期的展示效果。此外，快手还开通了商家号功能，符合条件的商家可以向平台申请认证，认证通过后再向用户发送广告信息，更容易获得用户信任。

◆电商

在电商变现方面，快手没有采用自建电商平台的方式，而是将用户引流至魔筷TV、有赞、淘宝等第三方电商平台。达人、商家等可以在快手小店中添加电商平台中的商品，并通过个人主页、短视频、直播间等进行展示与销售。

直播卖货是快手电商变现的关键模块，由快手主播在直播过程中为用户讲解产品，感兴趣的用户可以点击直播间“小黄车”选择商品，然后跳转至第三方电商平台购买。为了提高电商变现能力，快手投资了小程序电商团队“无敌掌柜”，后者为快手打造了“魔筷TV”小程序。快手主播可以借助“魔筷TV”开设个人店铺，构建从直播引流到交易购买的闭环。

◆直播

直播变现是快手商业化的重要手段之一，除上面提到的与电商结合外，还可以从粉丝赠送的虚拟礼物中抽成（抽成比例为50%）完成变现。用户关注主播后，可以通过关注页面进入主播的直播间，正在直播的主播在封面左上方会有“live”字样。同时，用户还可以通过点击进入“直播广场”来寻找感兴趣的主播。

粉丝向主播赠送礼物时，需要先充值购买礼物，充值比例为1:10，即1元人民币可以兑换10个快币，礼物主要有鲜花、棒棒糖、幸运星、冰激凌、香蕉、蛋糕、666、高跟鞋、手表、戒指、小金人、皇冠等。

◆游戏

游戏用户付费意愿相对较高、购买力强，是备受各类企业关注的优质用户。为了加强自身的变现能力，快手开发了游戏板块，支持用户预约、下载各类手游，观看游戏短视频及直播。

小游戏玩法简单，入行门槛低，对快手这种非游戏出身的企业非常友好。2018年1月，快手推出了基于社交的对战小游戏平台“快手小游戏”（现更名为快手电丸）。得益于快手的流量支持，该平台用户增速非常迅猛。此外，快手还推出了以“享受游戏时光”为核心理念，主打游戏直播的App电喵直播。

◆未来商业探索及挑战

除上述几种变现渠道外，快手还有一些处于初级阶段或未来值得探索的变现渠道，如仍处于初级探索阶段的付费内容变现渠道。目前，快手付费内容涵盖了影视、课程、游戏、教育、职教、音乐、美食、电商、舞蹈、运动、剪辑拍摄、丽人、绘画、手工、书法、农业等多个品类，用户可以根据需求购买课程来丰富知识、学习技能等。同城模块则属于未来有较大探索空间的变现渠道。未来，围绕该模块，快手可以为用户提供美食、外卖、出行、购物、家政等本地化服务。

社交平台的商业化向来不是一件简单的事情。由于我国内容付费市场不成熟，绝大部分社交平台主要通过广告变现，然而广告对用户体验的影响又令社交平台不得不谨慎行事。快手纵然是短视频巨头之一，但如果盲目商业化，可能会面临用户大量流失，被后来者取代的风险。所以，快手的商业化探索仍有很长的一段路要走，未来还需要克服虚假广告、产品假冒伪劣、内容侵权等一系列问题，在攫取利润的同时确保用户体验，只有这样才能实现可持续发展。

第2章

内容生态：构筑快手运营的坚实地基

从12个纵切面看见每一种生活

经过几年时间的积淀，快手平台上的内容已经变得非常丰富。从内容类型来看，快手平台上的内容大致可分为12个垂直门类；从发展趋势来看，快手平台在内容、用户、生态方面的发展变化可以归结为3点，即往高处行、向深处游、自当下始，具体分析如下。

◆往高处行：一二线城市成“新用户池”

根据快手大数据研究院发布的《2019快手内容报告》，截至2020年初，快手日活量突破了3亿，原创短视频库存量超过了300亿条。2019年，有2.5亿人在快手平台发布作品，平台累计点赞超过3500亿次。从用户画像来看，在快手平台，男女用户比例基本持平，其中男性用户占比52%，女性用户占比48%，超过七成的用户在30岁以下。

快手日活的增长来源于两个方面，一是对下沉市场的进一步渗透，二是向一二线城市的扩张，后者是亮点。目前，快手在一二线城市的日活用户已经超过了6000万人，相较于2018年翻了一倍，这说明快手正在从内容、垂直运营、活动等多个角度向城市渗透。

现阶段，快手的商业化进程不断加快，快手电商强势崛起，在私域流量的加持下，“老铁经济”释放出巨大潜力。据了解，快手电商作者数量已经超过了100万，拥有10万+粉丝的电商作者的月均收入可以达到5万元，电商内容日均覆盖消费者人数超过1亿人。无论企业、品牌，还是个体、村落，都能在快手找到适合自己的商业模式。

◆向深处游：快手垂直品类崛起

在快手平台，有12类内容最受欢迎，分别是美食、美妆时尚、音乐、游戏、情景剧、运动、舞蹈、艺术、萌宠、教育科普、二次元、旅行，从各个领域挖掘用户的内容喜好，延长用户的停留时间，拓展平台的用户群体。

在游戏领域，2019年上半年，在快手平台，每天大约有5600万人观看游戏视频，游戏直播端的日活用户超过了3500万人，超越了“斗鱼”“虎牙”等游戏直播平台，如图2-1所示。在二次元领域，快手平台的二次元活跃用户超过了4000万人，还吸引了400个动漫IP入驻。随着A站进驻快手平台，在“AC娘”的召唤下，快手的二次元用户数量实现了进一步扩增。

在美妆领域，快手有一个非常奇特的现象，就是关注美妆内容的男性用户占比超过了41.6%。在男美妆博主的粉丝中，男女粉丝所占比例基本持平。另外，在美妆内容创作者中，40岁以上的创作者与24岁以下的创作者所占比例基本相同，中老年群体对时尚的敏感度超过了很多年轻人。

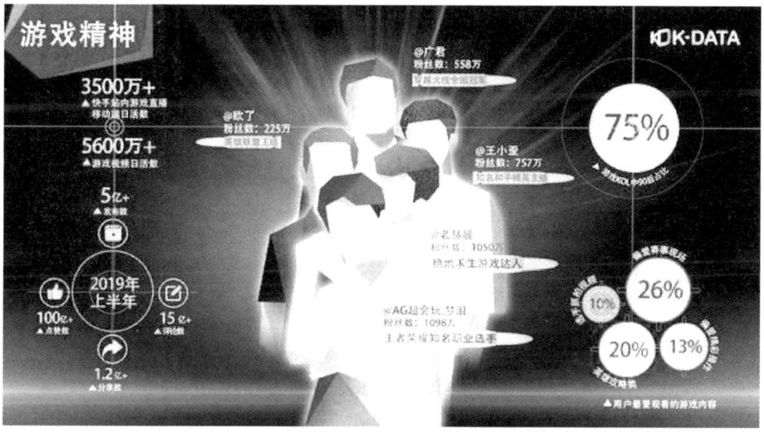

图2-1　快手在游戏领域的布局

在教育领域，教育类短视频已经成为快手短视频生态的重要组成部分。目前，快手课堂已经吸引了1万名老师入驻，付费用户达到了160万人，覆盖范围不断地从一二线城市向乡镇下沉，为普惠教育的实现做出了重要贡献。快手平台上的教育内容可以细分为多个品类，如学科教育、职业教育、“三农”技术、文艺兴趣等，满足了用户多元化的学习需求。

◆自当下始：媒体号、政务号、MCN机构推动生态升级

快手短视频不仅可以让普通人展现自我，还为媒体号、政务号、MCN机构等提供了一个新的传播平台。在平台诞生之初，快手平台上的UGC内容居多。目前，快手的内容生态正在从以UGC内容为主向PGC内容与UGC内容共存转变，吸引了更多优质内容生产者入驻。

在政务号方面，入驻快手的政务机构已经超过了6000家，内容播放量超过了1408亿，获得点赞量68亿，如图2-2所示。在媒体机构方面，目前，

快手平台入驻的媒体机构已经超过了2000家，累计获得点赞量20亿。2019年7月，快手推出“媒体号UP计划”，明确表示要在未来1年帮助1000个以上的媒体号完成私域流量变现，如图2-3所示。

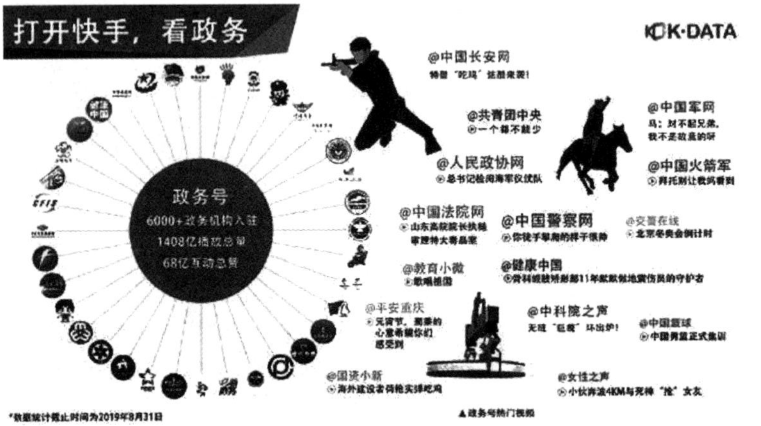

图2-2　快手政务号

图2-3　快手媒体号

在MCN机构方面，快手吸引了1000多家MCN机构入驻，这些机构为快手带来了6000多个细分领域的账号。在快手各种政策扶持下，这些MCN机构生产的短视频的播放量超过了2000亿。

在快手“平等普惠”理念的支持下，快手平台涌现了很多优质内容与用户。无论取得怎样的发展成果，快手始终坚持“发现生活之美、记录生活”的理念，鼓励每个人用心生活，活出自己的风采。

快手+MCN：私域流量打造创作者生态

目前，入驻快手的MCN机构已经达到了1000多家。在此之前，这些机构主要集中在抖音、微视、西瓜视频等短视频平台。MCN机构的平台流动释放出一个信号：快手开始加大在MCN机构的投入，尝试用私域流量打造创作者生态。

◆私域流量，从内容到变现的新蓝海

大批MCN机构涌入快手平台的一个重要原因就是能够在平台沉淀私域流量。快手的这一优势源于UI设计使得平台的流量入口相对平均，将关注页、同城页与发现页放在同等重要的位置，内容创作者发布的内容可以被所有关注者看到，这样一来，快手就形成了浓厚的社区氛围，这与强运营下的流量导向型平台形成了鲜明对比。

快手用户喜欢看关注的创作者发布的内容，不喜欢不断地刷新寻找，这就给内容创作者提供了一个极好的与粉丝交流的机会。只要创作的内容符合粉丝偏好，就能不断增强粉丝黏性，形成一个独属于自己的私域流量池。对于内容创作者与MCN机构来说，这个私域流量池价值极高。拥有这个流量池之后，内容创作者无须再想方设法地追热点，可以将大量时间与精力放到打造个人人设上，整个行业内容同质化现象过于严重的情况也能得到一定的缓解。

这是快手吸引MCN机构的一个重要原因。目前，MCN机构的内容创作成本极高。在公域流量平台，MCN机构投入大量时间与精力创作内容，如

果不能引爆传播，这些投入就会变得毫无价值。但在快手这样的私域流量平台，虽然MCN机构生产的内容未必能爆火，但播放量相对稳定，粉丝黏性可以不断增强。对于MCN机构来说，入驻快手平台无疑是一种性价比最高的选择。

对于创作者与MCN机构来说，私域流量延伸出来的多元化的变现方式也具有强大的吸引力。据统计，逾八成的MCN机构开通了广告营销，近五成的MCN机构开通了平台补贴，近四成的MCN机构开通了内容电商，如图2-4所示。对于MCN机构来说，这种营收结构比较单一，不利于长期发展。所以，当下，很多MCN机构都在寻找新的变现机会。

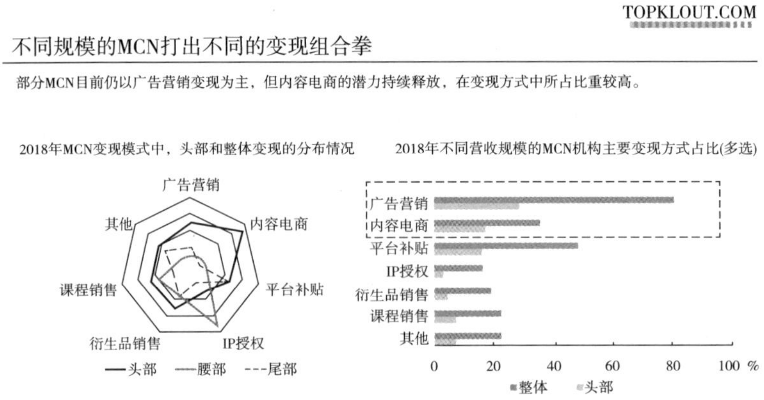

图2-4　MCN机构的变现模式

在这方面，快手为创作者提供了多条变现途径，包括直播、快接单、电商卖货、知识付费、后贴片广告等，如图2-5所示。只要积累了一定规模的粉丝，MCN机构就能通过深耕私域流量拓展获利渠道，获得多元化的收入。同时，快手对私域流量的保护使MCN机构享受到更多话语权与主控权。快手不与MCN机构签订独家合约，而是保持平等、合作的关系，让MCN机构可以按照自己的想法灵活发展。

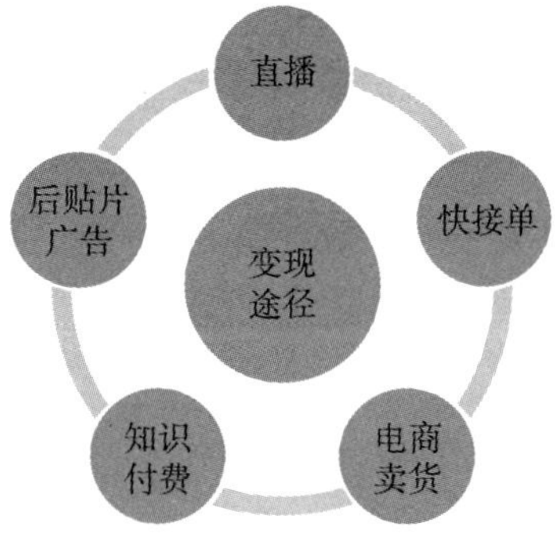

图2-5 快手为创作者提供的变现途径

◆服务力与多面赋能

对于MCN机构来说，丰富的内容与庞大的流量储备也是其选择入驻快手的一个主要原因。在现有的短视频平台中，日活量3亿的快手当属佼佼者。再加上短视频、直播、知识付费等多种内容呈现方式，为MCN机构提供了多元化的发展方向，从而吸引了大量MCN机构入驻。

2018年7月，快手介入MCN，开始探索如何为服务机构与创作者服务。快手从内容层面着手，专门面向MCN机构创建运营团队，帮助新入驻的MCN机构快速融入快手平台，如从平台运营规则、内容封面、标题、内容迭代等方面为MCN机构提供指导，在热门活动开始前预先告知MCN机构，以免它们错过活动等。

同时，快手也在积极推动商业化。2017年9月“快接单”上线；2018年6月“快手小店”上线，10月发布营销平台，12月上线电商服务市场。快手通过一系列动作从各个方面为电商赋能，不断提升创作者的变现能力。

目前，内容电商备受MCN机构青睐。通过深耕私域流量，MCN机构可以强化旗下达人的品牌性，让达人从“种草”带货向品牌联名、成立品牌发展演变。同时，借助快手提供的商业化服务工具与平台，原生创作者与MCN机构可以不断地向内容电商演变。

在服务侧，为了让MCN机构获得更好的体验，快手为MCN机构搭建了运营平台，让它们可以轻松管理旗下达人。每个月发布的月度机构榜单从不同垂直领域进行评分，让MCN机构可以更好地了解自己的成长数据，做出更科学的发展决策。

通过在内容侧、电商侧和服务侧布局，快手构建了一个良好的内容生态，对MCN机构产生了强大的吸引力，尤其是对腰部、尾部的MCN机构。

◆快手+MCN，生态的共赢与繁荣

从表面上看，快手扶持MCN机构是在强化自己的商业化能力，实则是为了拓展平台的内容供给渠道，丰富平台内容。所以，在这种思路下，快手不会打破原有的普惠原则。

MCN机构的涌入为快手带来了很多新鲜内容。一直以来，快手平台的主流内容类型都是生活、小姐姐、美食、职业、技能（见图2-6），MCN机构的主流内容类型为技巧妙招、搞笑幽默、时尚、颜值、游戏，二者的重合度非常低，这就表示MCN机构的涌入可以极大地丰富快手平台上的内容。

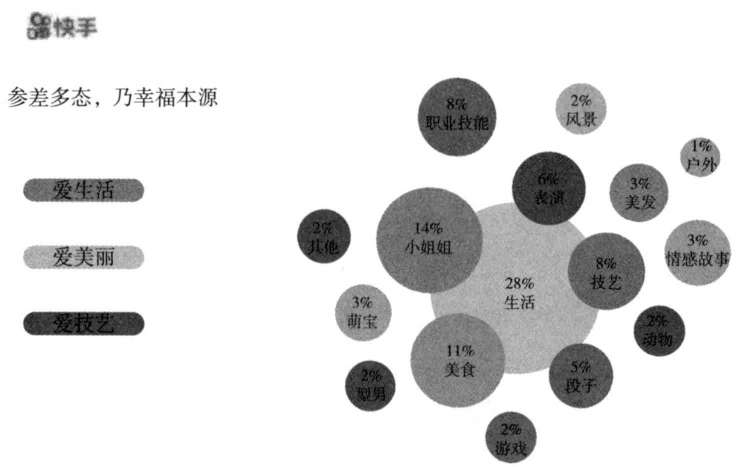

图2-6　快手平台多元化的内容

平台内容的丰富让用户拥有了更多观看选择，使用户可以随意在快手平台搜索自己感兴趣的内容，这就为平台吸引了越来越多的用户，为平台后续的商业化奠定了扎实的用户基础。另外，MCN机构的入驻激发了创作者的创作热情，刺激创作者尝试创作更多品类的内容，让创作者更活跃，让平台内容更丰富。

而对于MCN机构来说，私域流量开发是亮点，再加上其擅长的内容类型与快手平台的主流内容存在一定差异，入驻快手平台之后，有望在垂直类内容领域实现快速发展。如在旅游、舞蹈、二次元、科普教学、体育、游戏、音乐等内容方面，MCN机构拥有广阔的发展空间。

总而言之，快手与MCN机构合作是实现共同发展的重要举措。快手慷慨的利益分配体系不仅让快手的生态更繁荣，还能让内容创作者获得切实利益，从而实现生态共赢。

快手+游戏：游戏直播加速商业化冲刺

一直以来，快手都不太重视平台上的游戏类内容。但事实上，在游戏直播领域，快手拥有中国规模最大的用户群，这为快手发力游戏直播奠定了良好的基础。

2019年7月，快手推出“百万游戏创作者扶持计划”，提出要扶持平台中腰部与尾部的游戏创作者。但在发力游戏直播这方面，除对内扶持内容创作者，丰富游戏类内容之外，对外，快手还要翻越两座大山——“斗鱼”与“虎牙”。目前，“斗鱼”的平均月活量为1.59亿，“虎牙”的平均月活量为9290万。从用户数据来看，在游戏类内容领域，快手与这两大平台的竞争还有很长的一段路要走。

目前，快手已经将游戏与电商放到了同等重要的位置，足见其对游戏的重视。

◆ “电喵直播”项目终止，发力游戏直播

为发力游戏直播，快手在2019年2月推出了一款独立的直播App——“电喵直播”，这款App以游戏直播为主，集成了游戏推荐、游戏视频等诸多内容。但这个项目“出师未捷身先死”，早已融入快手平台。

事实上，面向游戏直播独立开发一款App本身就存在一定的风险，业内早有借鉴。抖音曾推出一款专注于视频社交的多闪App，上线之后，这款App的成绩一直不佳，在应用/游戏榜上的排名非常落后，为了存活下去不得不依靠抖音引流。而游戏直播领域的竞争更加激烈，快手这一举措的失败并不意外。因为它不仅要承担App开发本身存在的风险，还要应对斗鱼、虎牙的强势反击。

过去很长一段时间，斗鱼、虎牙因为在PC端无人企及的优势，忽略了移动端的布局。但近期，虎牙的活跃用户正在悄悄向移动端转移。根据虎牙财务报告发布的数据，2019年第一季度，移动端月活在整体月活中的占比已经达到了44.5%，同期，斗鱼移动端月活在整体月活中的占比为30%。由此可见，游戏直播平台在移动端的竞争迟早会开启。

面对如此严峻的形势，快手不得不开始重视游戏直播。因为在游戏直播领域缺少头部创作者，所以快手制订了头部游戏内容创作者引入计划，在去中心化的产品逻辑下制作一个相对中心化的游戏内容页面，吸引用户，刺激日活。

为了发力游戏直播，快手甚至改变了长期坚守的不做平台签约的策略，制定了签约规划，《王者荣耀》知名游戏主播“张大仙”加盟快手就是典型。2019年初，“张大仙”加盟快手直播，粉丝量达到了683万，这是快手平台半年粉丝规模增长最快的游戏内容创作者。“张大仙”的引流能力恰恰体现了头部游戏主播的独特魅力。

◆联手腾讯对抗抖音，商业化提速

从平台规模来看，抖音是快手在业内最大的竞争对手。根据艾媒咨询发布的《2018—2019中国短视频行业专题调查分析报告》，截至2018年12月，快手与抖音的MAU相差无几，前者是2.3亿，后者是2.29亿。

为了狙击抖音，腾讯与快手达成合作，从各个方面为快手提供支持与助力。为了支持快手，腾讯计划注资与快手成立合资公司，估值超过250亿美元。如果这一设想顺利落地，快手将成为游戏直播领域估值最高的公司。

同时，腾讯对头条系产品的打压也从侧面为快手的发展提供了助力。例如，腾讯禁止头条系产品播放与《英雄联盟》《王者荣耀》《穿越火线》等多款头部游戏有关的内容，却将播放权向快手开放。这一举措对抖音与快手在游戏直播领域的布局及格局造成了直接影响。据统计，在快手平台最受欢迎的前10个游戏品类中，出自腾讯的游戏品类有7个，其中前5名全部是腾讯系游戏。快手丰富的游戏生态如图2-7所示。

图2-7 快手丰富的游戏生态

对于快手来说，保持竞争能力固然重要，但加速变现同样重要。那么游戏直播要如何变现呢？在这方面，快手提出了一个新思路——知识付费，如让主播教观众打游戏。

"八指梦魇"是快手游戏直播领域一个小主播，粉丝量只有5万，一场直播最多吸引几百人观看，所以直播收入不高，但他会利用其他时间制作教学视频，教粉丝如何做好《和平精英》游戏中的基础设置。这个教学视频吸引了3.3万粉丝购买，为其带来了一笔不小的收入。

除此之外，快手还在游戏短视频或游戏直播内容后面加了贴片广告，所得收入与主播分成，同时鼓励主播进行游戏分发推荐。据估计，如果一名游戏主播有100万粉丝，每个月发布3～4条快享式视频，月收入就能达到10万～15万元。另外，快手还投入10亿元帮助游戏主播打造站外影响力，并计划引入特别重度的赛事版权。

总而言之，快手发力游戏直播不仅是为了丰富内容生态，还希望做中国最好的游戏内容平台。

快手+政务号：六榜齐发打造政务传播新阵地

随着移动互联网不断发展，短视频已经成为广大网友获取资讯、进行社交互动的主要选择。作为短视频行业的领军者，快手在短视频行业深耕多年，早已成为国内短视频行业的中流砥柱，积累了规模庞大的用户群体，吸引了品牌、企业的目光，还引起了政府机构的关注。在融媒体时代，党政机关、媒体机构都在努力拓展发声渠道，希望让权威的声音实现广泛传播，渴望打通政务宣传的"最后一公里"。于是，入驻快手就成为这些政务机构、主流媒体的不二之选。

据统计，目前已有近千家政务号入驻快手平台，包括中央政法委、教育部、卫健委、国资委、共青团中央等在内的中央部委，中国陆军、空降兵部队、中国火箭军、人民海军等军方机构，平安北京、交警在线等公安机构，《人民日报》、新华社、央视新闻等中央媒体，相关短视频播放量超过125亿，如图2-8所示。由此可见，快手已经成为继微博、微信之后第三个被政务机构、政府部门抢滩的新媒体阵地，"两微一快"的格局变得越发清晰。

图2-8　快手政务号生态

◆快手政务号引爆传播

2018年3月，一则讲述一只警犬经过学习成长最终在火车站等场所成功执行任务的短视频火爆快手，这条短视频的播放量达到了6790万，获得590次点赞，荣登快手平台最具人气的"政能量"短视频排行榜。

2018年9月27日，"中国法院网"对广东佛山市顺德区法院等3家法院执法过程进行直播，打开了5位"老赖"的保险柜，各类贵重物品琳琅满目，吸引了数百万网友在线围观。

2018年8月，国资委发起了一项短视频征集活动——"大国工匠绝活秀"，吸引了2.5亿用户参与，包括铁路建筑者、电网维护者、石油勘探者等，这些奋战在一线的劳动者向网友展示了国有企业改革发展的真实境况。

上面三个案例分别来自“中国长安网”“中国法院网”“国资小新”，它们通过短视频、直播等形式展现了素来以严肃著称的党政机关在融媒体时代，在传播互动方面开展的新探索、新实践。另外，中国民航局空管局团委创造了一种政务传播的新玩法，即在快手平台组织召开空管系统直播大赛，引起了广泛关注。

除政务号之外，军方政务号在快手平台也受到了广泛欢迎。以“中国陆军”为例，八一建军节是中国人民解放军陆军正式开通快手官方账号一个月的日子，在这一个月间，“中国陆军”发布的短视频播放量达到了亿级，平均每条短视频的播放量达到了1000万，获得点赞220万次。通过这些短视频，快手用户深切地感受到了中国陆军的强大。

2020年5月12日，在汶川地震12周年之际，中国人民解放军空军空降兵部队官方账号“我们的天空”发布一条短视频，汶川地震发生后，15名空军勇士临危受命，在“三无”条件下，从5000米高空凌空一跃奔赴灾区一线。这条短视频发布13个小时，播放量达到了130.5万，获赞量14万，如图2–9所示。

图2–9　政务号“我们的天空”汶川地震12周年纪念短视频

◆快手政务号排行榜

快手为政务号打造了很多排行榜，包括“快手号·政务机构总榜”“快手号·中央国家机关榜”“快手号·共青团榜”“快手号·地方宣传榜”“快手号·警务自媒体榜”等。

在“快手号·警务自媒体榜”中，“全国公安新媒体矩阵”的玩法吸引了众多目光，不仅有来自全国各地的公安干警亲自出镜讲解防骗知识，更是将烦琐的防骗条例编成了顺口溜，甚至编成Rap唱了出来。

来自湖北随县公安局洪山派出所的一名公安干警，快手名“明 Sir”，经常通过短视频向网友普及法律知识，讲解防骗技巧，收获了近300万的粉丝。“领奖先要手续费，买个教训实在贵。陌生电话不牢靠，寄钱汇款是圈套”，就是一个典型的宣传段子。

另外，在快手平台走红的公安干警还有很多，凭借丰富案例收获大量粉丝的“警界君”、善于表演的“小捕阿汤哥”等，都用自己的方式收获了大量粉丝，如图2-10所示。

图2-10 “明 Sir”“警界君”与“小捕阿汤哥”

在媒体领域，《人民日报》、新华社、央视新闻等主流媒体也相继入驻快手平台，表现出了强大的吸粉能力。

目前，除为政务媒体提供更多传播途径之外，快手也在尝试用技术为地方政务号赋能。2018年，快手启动了“打开快手，发现美丽中国”的项目，与地方政府展开了一系列区域战略合作。例如，快手与张家界联合开启的“打开快手，发现张家界”的专题活动，相关短视频的播放量达到了2.8亿。在永胜，快手启动了“5亿流量”计划，计划在未来3年投入5亿元的流量资源，帮助以永胜县为代表的500多个国家级贫困县推销特产，帮助当地的农民脱贫致富。

除此之外，快手还邀请很多政府机构、企事业单位入驻，建立传播矩阵，用短视频打造新的政府形象，帮助政府与用户建立精准连接。

第3章

商业化升级："社交+"催生营销新物种

社交基因：商业化变现的底层逻辑

近两年，短视频行业迎来迅猛发展期，快手与抖音这两大头部短视频平台的日活跃用户达到了亿级，由此带来的巨大商业机会吸引了企业、品牌商、广告主、金融资本、创业者等各路玩家广泛参与，行业竞争越发激烈。

在商业化探索方面，快手提出了"短视频社交商业引擎"的战略定位，致力于"让社交商业更有效"。在多年发展过程中，坚持"去中心化"分发与"公平普惠"理念的快手，建立了一种独特的社交模式，该模式与纯熟人社交和纯陌生人社交有着极大的不同。

目前，随着行业日益发展，短视频行业开始从野蛮生长、资本驱动步入精细化运营、健康有序发展阶段，即以用户为中心，打破线上线下边界，泛场景同频共振，驱动行业转型升级，打造可持续发展的行业生态与经营环境。在短视频逐渐从增量市场迈向存量市场的背景下，面对企业与品牌商掘金短视频营销的旺盛需求，快手提出了“社交+”战略。

短视频平台对用户流量与用户时长的争夺日趋白热化。各大平台不断完善内容机制、平台规则、用户体验等，使短视频内容越发丰富多元，用户规模与使用时长日益稳定。

在这种背景下，对于快手等短视频平台来说，核心竞争力的构建已经不再是简单的比拼用户流量，更关键的是提高变现效率，深度挖掘行业的商业价值。对于广大企业与品牌商而言，在此形势下，单纯地追求曝光量对自身业务发展的贡献度越来越低，想要从激烈的竞争中脱颖而出，核心在于与目标用户建立深度连接，借此实现口碑与利润的双重增长。

如何高效低成本地营销获客，是企业与品牌商的永恒追求。短视频丰富多元的内容玩法与庞大的用户基础，无疑为解决这一问题提供了有效手段。未来，广大企业与品牌商需要积极探索短视频营销模式，充分利用用户的社交关系链，让用户实现裂变式增长，同时不断提高自身的盈利能力。

拥有亿级日活用户的快手不仅用户规模庞大，而且用户自发形成了互动社区，为快手建立良好的商业生态奠定了坚实的基础。互动社区是平台发展的内在驱动力量，其核心层是用户围绕平台内容形成的价值观与情感共鸣，中间层是基于关系链的智能分发，最外层是各类用户聚合形成的高黏性社交圈层，如图3-1所示。

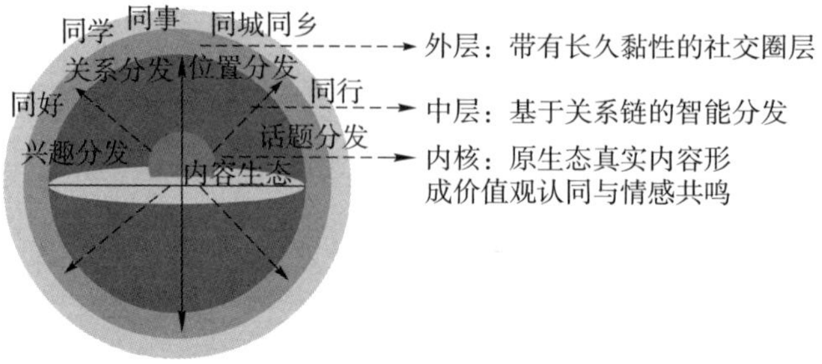

图3-1　快手的社交基因

◆社交圈层增强用户黏性

在快手平台，人是一项非常重要的社交基因。大批高活跃度与高忠诚度用户，以及强有力的用户社交关系链是快手脱颖而出的关键所在。不难发现，娱乐性热门话题虽然对网民有较强的吸引力，但缺乏可持续性。而快手各类社交圈层激发的多元化内容需求及商业价值是长期的，影响力更为深远，能够进一步提高平台用户的活跃度与忠诚度。

连接快手内容生产者与用户社交圈层的要素非常多，如职业、兴趣等。在职业方面，快手用户覆盖了菜农、操作员、外卖员、船员、飞行员、演员、司机、电竞选手等各类职业，如图3–2所示。现实生活中，他们中的绝大多数人默默无闻地在自己的圈子里生活，但在快手平台，他们可以跨越地域、文化限制，快速找到自己的同行，通过密切沟通交流建立情感连接。

以卡车司机为例，快手官方数据显示，快手上的卡车司机用户超过20万人，这些用户月均上传的与卡车主题相关的作品超过3万条；卡车司机用户的粉丝总量超过1亿，头部用户粉丝总量超过1000万。与此同时，这些卡车司机用户通过社交互动建立了良好的信任关系，在他们社交互动的话题中，与卡车司机职业技能相关的话题约占40%，与日常生活相关的话题占比近30%。

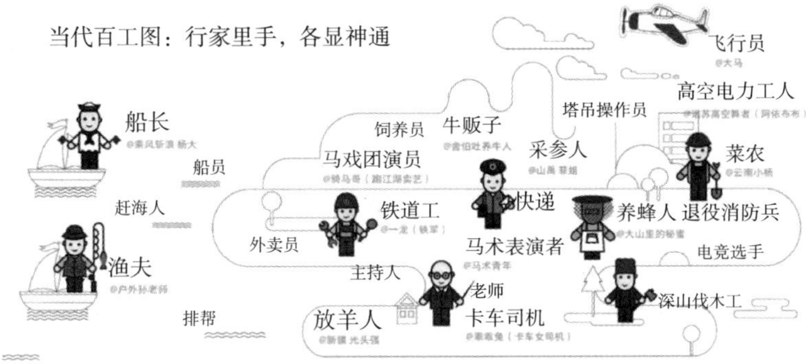

图3–2 快手丰富的职业圈层

在兴趣方面，快手打造了基于兴趣的社交分发机制，帮助有相同爱好的用户连接互动，逐渐形成了趣缘文化。很多相对小众的垂直领域爱好者（如天文、海钓、手账等）也通过快手建立了兴趣圈层。

此外，在快手，围绕地域与熟人关系形成的社交圈层也非常常见。快手的官方数据显示，在快手平台，与婚礼、生日、全家福、求婚等熟人关系相关的短视频作品量分别为2100多万、1100多万、550多万及35万。

◆情感内容引领社交聚合

带有情感与温度的内容也是快手的一项社交基因。从本质上来看，这类内容是内容创作者生活态度、生活方式及价值观的表达，观看者因为情感共鸣及价值观认同与前者建立了信任。显然，这种社交聚合使得快手的社交圈层更为稳固、长久，也帮助快手积累了大批忠实用户。

目前，快手平台有很多带有个性标签的“平民达人”，他们充满个性以及接地气的原生态自我表达拉近了其与用户的距离，进一步增强了快手社交圈层的稳定性。显然，与网红分享的经过过度修饰的精致生活内容相比，这种平民化的内容更具生命力，如图3-3所示。

图3-3　快手平台的“平民达人”

真实、客观地呈现生活是快手平台的一大特色。在快手，用户不仅可以感受到生活中的欢声笑语，还能体会到生活的辛酸苦辣，虽然这不是人们向往的完美生活，但它更真实，更贴近大众日常生活。

在去中心化的移动互联网时代，大众非常注重自我表达。在这种背景下，很多快手用户将自己认可的"平民达人"视为他们的代表，不仅在快手平台给予他们强有力的支持，还会在社交圈向亲朋好友主动推荐。

◆去中心化分发沉淀社交关系

去中心化的算法分发机制也是快手平台的一项社交基因。这个算法分发机制是快手用户与内容，用户与用户高效精准触达的重要保障，它能在合适的时间、合适的场景将合适的内容推荐给合适的用户，并将有相同标签的用户聚合起来。例如，根据职业话题分发让同行业的人聚合，根据兴趣爱好分发让同好者聚合，根据地域分发让同城人聚合，根据关系分发让熟人聚合，等。这既保障了用户体验，又激发了用户自传播的积极性，为沉淀社交关系提供了强有力的支持与助力。

快手的去中心化分发可以让更多内容创作者实现自我价值及社会价值，让他们获得更多成就感与满足感，让平台避免成为一个打造少数精英、使绝大多数创作者沦为陪衬的流量广场。

此外，去中心化分发也有利于内容创作者将更多时间与精力放在提升内容力、运营力等方面。快手头部内容创作者是经过积累沉淀获得成功的，他们具有更强的生命力。这与借助爆款作品在短时间内迅速成名的网红模式存在明显差异。很多网红因为没有经过足够的积累与沉淀，快速成名后不知道如何维系粉丝、延续热度，生命力非常短暂。

营销创新："社交+"沉淀社交资产

如何理解社交营销？从诸多实践案例来看，社交营销需要以社交化的手段对营销进行运作，用社交的逻辑与玩法让商品精准地触达人。快手为探索社交营销提供了一个不错的平台。

◆为什么快手可以做"社交+"

现阶段，在利用社交关系挖掘商业价值方面，即便是快手、抖音这两大头部短视频平台也未能真正成熟，行业内仍有非常大的空间有待各大平台去探索。快手的"社交+"营销模式致力于利用社交化手段，完成从流量运营到用户运营的转变，让消费者运营周期不再以看广告的几秒钟为单位，而是以天甚至月为单位。

传统短视频广告被用户看到后，可能会刺激用户产生购买行为，但很难让用户产生二次购买，即无法形成用户留存，从而极大地限制了广告主与短视频平台的盈利空间。快手借助"社交+"助力企业与品牌营销，不仅可以刺激目标用户购买，还能帮助后者留存用户，刺激二次购买以及口碑传播。显然，绝大多数短视频平台目前并不具备这种能力。

在自媒体时代，再小的企业与品牌也需要积极发声，不断积累自己的社交资产。对于企业与品牌商来说，快手不只是单纯的产品与品牌曝光渠道，更是能挖掘并积累社交资产的宝贵矿脉。有了强大的社交基因与良好的平台生态，快手的"社交+"营销模式将帮助企业与品牌商积累大量社交资产，更为高效、低成本地挖掘商业价值。

◆快手"社交+"的营销体系

基于平台丰富的营销场景、优渥的社交土壤、庞大的活跃用户，快手开发了“社交+”营销模式，实现社交基因与商业要素（人、内容、节点等）的深度融合，并建立一套涵盖产品曝光、交易购买、留存复购等诸多环节的营销解决方案，如图3–4所示。

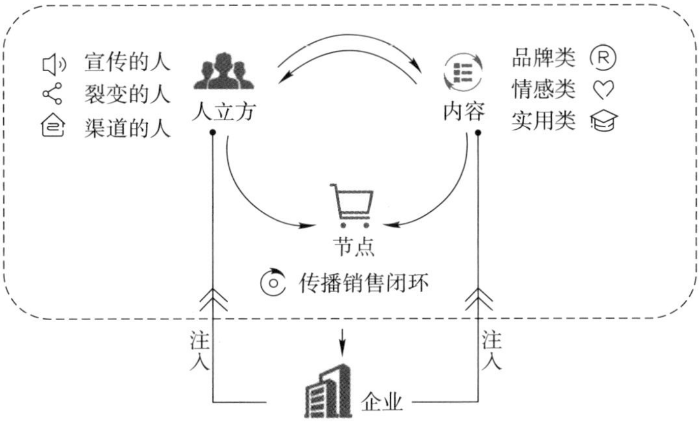

图3–4 快手“社交+”营销体系

（1）“社交+人”，多维社交关系链打造“人立方”。

快手“人立方”中的人包括传播的人、体验的人、渠道的人，如图3–5所示。

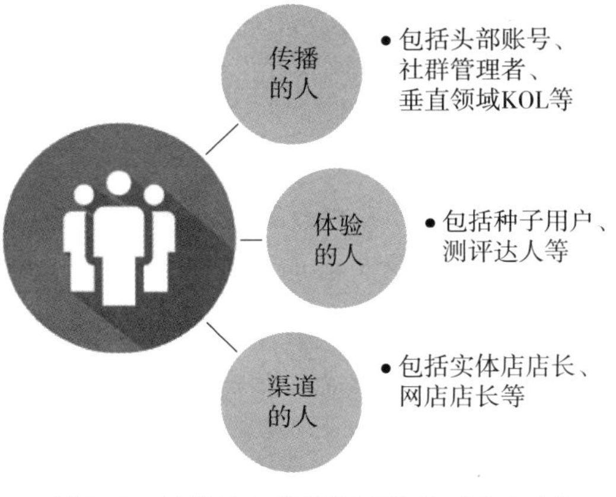

图3–5 多维社交关系链打造的“人立方”

从本质上看，快手“人立方”可以看作对人在社交圈中的关系进行立体化、规模化运营，以人为媒介助力营销转化。从这一视角来看，快手“人立方”与“共享促销员”的逻辑比较相似，可以帮助商家利用消费者作背书，从而减少目标用户对商家的不信任感。

毋庸置疑，在人与人的互动交流场景中曝光产品与品牌信息，可以进一步提高交易成功率。快手追求的是帮助企业与品牌商和消费者建立长期稳固的关系，在这个过程中，快手可以利用自身的优质资源与平台优势，将人、货、信息、渠道等资源整合起来，提高传播与转化效率，持续积累数字资产。

（2）“社交+内容”，赋能商品与人的关系链接。

快手“社交+内容”中的内容指的是有社交黏性的内容，如呈现社会百态的真实内容、接地气的生活化内容、表达个性观点的内容、传递真情实感的内容等。这些内容涵盖了快手用户制定消费决策的各种场景与节点，能够进一步巩固商品与人的关系链接。在快手平台，很多用户将自己信任的人称为“老铁”。由“老铁”传播的内容，如某测评达人制作的好物开箱短视频，能够帮助商家有效提高商品与人的关系链接。

（3）“社交+节点”，利用工具与产品打通传播与销售。

“人立方”缩短了企业与品牌和目标用户的距离；有社交黏性的内容进一步提高了消费场景的体验；平台方推出的工具与产品则有助于提高转化与用户留存。

快速转化是快手的优势所在。社交圈层以及真实、接地气的内容让用户对平台建立了一定的信任关系，再加上人的背书，使产品更容易进入用户的消费决策范围。与此同时，快手平台不断地对快手小店、贴片广告、跳转链接等工具与产品进行优化完善，帮助商家架起消费者转化通路，将更多的购买意愿转化为实际订单。

除转化速度快之外，快手的转化通路还非常宽阔。目前，快手针对用户在平台内购买、在企业官网购买、到实体门店购买等购买行为开发了转化工具与产品。

随着快手平台持续发展与完善，快手"社交+"营销体系也将日趋成熟，帮助更多企业与品牌积累社交资产，精准服务目标用户。例如，已经有一定知名度的企业与品牌可以借助快手与目标用户建立密切的连接关系；面向终端消费者的零售企业可以借助快手获取私域流量，实现留存、裂变及复购；服务本地消费者的实体商家可以借助快手降低营销成本，并借助"商家号"等实用工具精准触达目标用户，提高盈利能力。

在短视频领域，虽然快手拥有一定的领先优势，但想要得到企业与品牌商的长期支持与信任，还要进一步提高自己的赋能能力，帮助企业与品牌快速积累忠实用户，促进产品销售与品牌建设。而整合众多资源打造的"社交+"营销体系将是快手赋能商家的重要尝试，可以预见的是，未来，随着快手的商业化进程不断提速，必将涌现更丰富多元的产品与服务，以更好地为商家赋能。

"老铁经济"：红人带货打造强信任关系

随着用户持续涌入，品牌不断加持，短视频行业已经成为品牌营销的新阵地。普通用户通过创作、发布短视频吸引粉丝，成为平台红人；品牌通过内容营销形成刷屏效应，获得广泛传播；平台通过广告、电商、直播等多种方式完成变现。与此同时，各大平台不断推出新的变现产品，完善变现体系。

抖音推出企业号、DOU+及信息流广告等产品，保证内容生态可以实现良性运转。短视频行业的另一个头部产品——快手也在8年以后推出了"快手营销平台"，为短视频创作者提供了一条新的变现渠道，以分散直播变现的压力，优化收入结构。至此，快手短视频的商业化路径越发清晰。

受普惠、简单、不打扰等产品开发理念的影响，快手一直以来都秉持克制、谨慎的商业态度。此次，快手在商业化领域的布局使整个行业为之一振，让创作者、品牌方都感知到现在已经到了发力快手的最佳时机。那么，快手的商业化究竟有何优势，能为创作者提供哪些变现路径呢？

◆快手的商业化优势

快手在商业化领域的优势主要表现在3个方面：一是用户覆盖率；二是社区文化；三是可持续发展性。快手的3大商业化优势如图3-6所示。

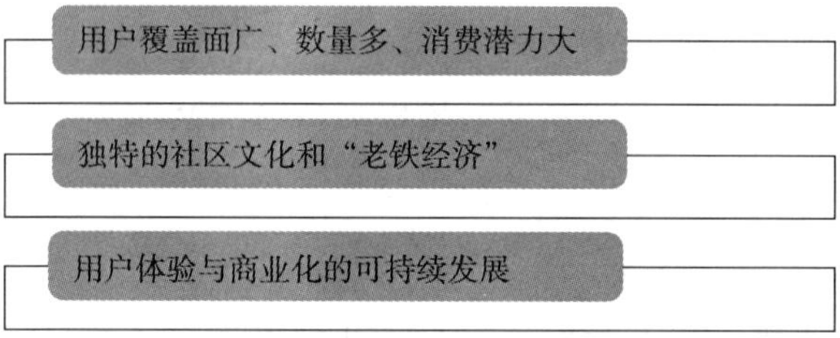

图3-6　快手的3大商业化优势

（1）用户覆盖面广、数量多、消费潜力大。

经过8年的运营沉淀，快手已经积累了大量用户，在用户触达方面形成了显著优势。根据快手大数据研究院发布的数据，2020年初，快手日活量达到了3亿，用户日均使用时长超过60分钟，快手App内有近200亿条视频，单日上传短视频数量超过1500万条，短视频播放超过150亿次，点赞数超过3亿。最重要的是，快手用户与国内移动网民分布基本相符，用户基本覆盖全国。

此外，随着趣头条、拼多多等产品上市，三四五线城市爆发出巨大的消费能力，引起了广泛关注。于是，在这些新兴市场探索商机、寻求突破成为各个品牌与商家的共识。快手在这些新兴市场的渗透率极高，拥有巨大的商业潜力。从这些方面来看，快手不仅用户数量多、覆盖范围广、用户活跃度高，而且消费潜力极大，是当之无愧的“国民级”应用。

（2）独特的社区文化和“老铁经济”。

2018年“双11”期间，快手推出“快手卖货王”活动。2018年11月6

日，快手红人"散打哥"直播卖货，在线人数一度突破100万，3小时的销售额达到了5000万元，当日销售额达到了1.6亿元。其中，售价19.9元的两面针牙膏1分钟成交3万单；售价59元的男士保暖衣10分钟成交10万套；售价658.9元的红米手机上线几秒钟就被一抢而空。这些数据是快手红人带货能力的最佳证明。

快手红人之所以有如此强大的带货能力，最主要的原因就是他们与粉丝建立了强信任关系，在这种信任关系的支持下，流量成功转换为销量。经过8年的积淀，快手收获了大量高忠诚度的用户。内容创作者与用户之间的强信任关系以及高忠诚度形成了快手特有的"老铁经济"，这是快手在商业化方面的独特优势。

（3）用户体验与商业化的可持续发展。

一直以来，快手都坚持"不打扰用户，重视用户使用体验"的运营理念。为了防止商业化布局给用户造成过度打扰，快手自主研发了一套商业化机制——用户体验量化体系，用来对商业化与用户体验和平台价值之间的关系进行精准衡量。这套机制为快手的商业化奠定了良好的技术基础，也为保证用户体验、实现可持续的商业化发展提供了强有力的保障。

◆红人带货引发抢购热潮

红人带货是快手营销的一大特色，经常引发抢购热潮，为什么会出现这种现象，其原因大致包括以下3点（见图3–7）：

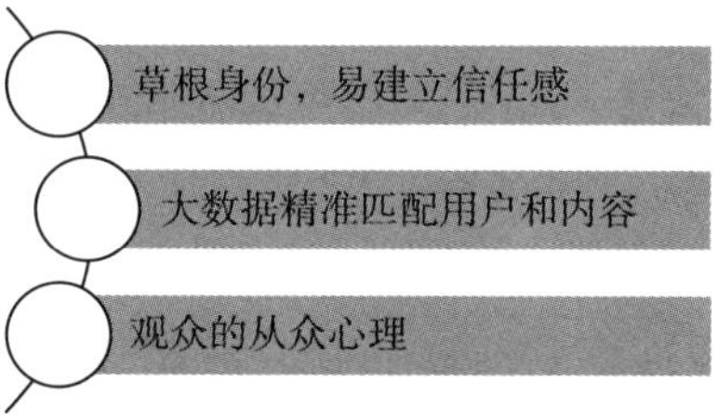

图3–7 红人带货引发抢购热潮的3大原因

（1）草根身份，易建立信任感。

快手红人与普通用户之间存在极强的信任感，这种信任感是在认同感与归属感的基础上建立起来的。快手红人大多是生活中的普通人，具有浓厚的生活气息与亲和力。对于普通用户来说，他们就是身边乐于分享生活的朋友。此外，快手红人分享的内容更接地气，非常容易拉近与普通用户之间的距离，获得普通用户的好感与信任。在建立信任感之后，无论红人推销什么商品，都很容易引发购买。

（2）大数据精准匹配用户和内容。

快手还有一大特点就是去中心化，头部红人数量少，大量用户集中在腰部。因为快手的宗旨就是“记录美好生活”，所以这些腰部用户对生活的记录就构成了快手的主要内容。对于快手红人来说，内容越细，越容易开展精准营销。因为在大数据的帮助下，平台可以有针对性地为用户推送内容，满足用户需求。

（3）观众的从众心理。

在快手所有的盈利渠道中，直播是非常重要的一个渠道。在快手平台，普通用户的消费行为大多发生在直播间，无论打赏还是下单购买，都是用户在直播间特定的氛围与场景下做出的选择。在这个过程中，观众很容易产生从众心理，在红人的鼓励下，在其他用户的带动下做出购买决策。

战略升级：从信息流到私域流量

2019年7月中旬，快手发布了2019年的营收目标——150亿元，比年初定的100亿元增长了50%。营收目标的调整在一定程度上显露了快手开展规模化商业化的决心。

快手的商业化就是借助各种手段完成变现，这是一条与“直播”相互独立的业务线。直播是快手最主要的收入来源，在快手的营收中，直播业务贡献巨大。商业化战略的推出表示快手想要改变这种营收结构，实现更稳健的成长与发展。

◆商业化版图建起

其实，早在2016年，快手就萌发了商业化的想法，但直到2018年底，快手才启动大规模商业化。在此期间，快手一直在思考两件事：第一，适合推行什么样的商业模式？第二，怎样才能不牺牲用户体验？体现了快手在商业化方面的谨慎态度，以及快手始终坚持维护用户体验的运营理念。2018年底，快手搭建了一套用于衡量用户体验成本及商业化体系增长边际效益的数据系统，至此，快手才开始加速推进商业化。

截至目前，快手的商业化版图已经十分清晰，其商业化包含两大板块：一是广告，包括信息流广告、作品推广（原粉丝头条）、话题标签页等产品，这些产品的变现模式已经趋于成熟；二是商业生态，包括社交生态与内容生态两大内容，是快手商业化的重点。其中，社交生态包括连接广告主与内容创作者的"快接单"和创作者激励计划，内容生态指的是以商家号为核心的内容营销阵地，其主要功能是吸引更多品牌、商家、MCN以及所有潜在客户进入快手平台。快手的商业化版图如图3-8所示。

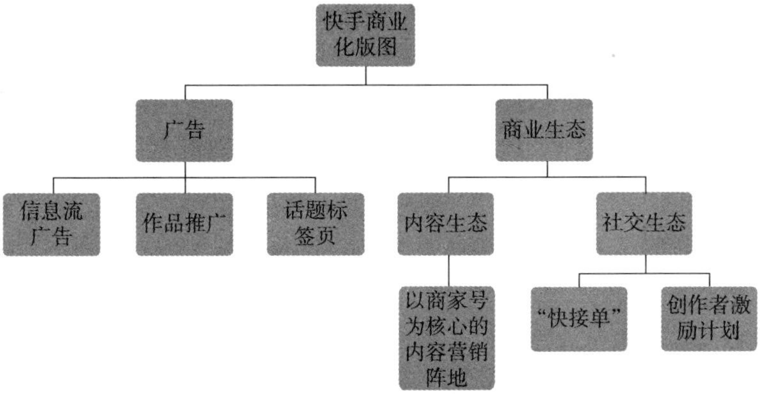

图3-8 快手的商业化版图

快手的“快接单”与微博的“微任务”、抖音的“星图平台”相似，是一个比较成熟的广告产品。自上线以来，快手一直致力于“快接单”的迭代更新，面向客户需求，为客户提供标准化的产品与工具、开放KOL数据和标签，使创作者与广告主的合作实现程序化，使撮合效率大幅提升。

创作者激励计划是快手比较独特的商业化产品，通过人与内容的相互匹配，以用户兴趣为基础，为创作者发布的短视频自动添加相匹配的广告，其目的在于帮助中部、尾部创作者完成私域流量变现。创作者加入该计划的门槛非常低，只要粉丝数量达到1万即可。如果内容质量好，作品上了热门，月收入极有可能达到十几万元。

至于内容生态，可以理解为通过搭建账号矩阵、运营垂直频道帮助广告主建立私域流量池，这是快手平台吸引品牌、广告主的关键所在。

◆信息流广告&私域流量

对于短视频平台来说，信息流广告是最直接的变现方式，也是快手2018年商业化的重点。但2019年，快手的这一策略发生了变化，对私域流量价值的挖掘成为与信息流广告并重的一条业务线。

对于快手来说，沉淀社交关系是其最大的优势，反映到流量层面则体现了快手在私域流量运营方面的潜力。

一方面，快手平台上的主播、达人可以为品牌所用，为品牌的营销推广服务，因为快手达人与普通用户之间存在强信任关系。对于广告主来说，投放快手达人是其在快手平台开展营销推广的最佳选择之一。

因为快手流量分发遵循普惠原则，所以腰部集中了大量达人，使得“快接单”和“创作者激励计划”可以对接一个庞大的资源池。虽然腰部达人的粉丝数量有限，但他们在垂直内容运营方面有极高的壁垒，与粉丝建立了强信任关系，可以带给品牌更高的转化预期。

另外，在3亿DAU目标的驱使下，快手不得不改变运营策略来拉新、促活、盘活流量。其中，盘活流量是一个非常重要的目标。在这方面，创作者激励计划发挥了积极作用。在没有商业变现之前，一些创作者一周可能只发布2个作品，有了商业变现之后，一周可能发布5个作品，新增加的3个作品就是内容增长，可以进一步撬动内容消费者，形成良性循环。

另一方面，快手鼓励广告主注册账号，创建账号矩阵，沉淀社交资产。以麦当劳为例，快手鼓励麦当劳不同的门店注册不同的账号，或者面向垂直内容注册不同的账号，例如，专门面向汉堡的账号、专门面向炸鸡的账号、专门面向冷饮的账号等，通过这种方式对私域流量开展精细化运营。

随着移动互联网流量红利不断消失，品牌、平台都开始将注意力转向对已有流量的精细化运营。但目前，具备一定的流量体量，而且有能力帮助品牌沉淀社交资产的平台并不多。在这方面，微信的地位无人能够撼动，但快手在挖掘私域流量方面也有一套属于自己的策略。

对于品牌主来说，哪个平台能够帮他们做好私域流量挖掘与运营，他们就会涌向哪个平台。但快手的流量多在下沉市场，而渴望获得下沉流量的品牌主并不多。另外，在用户端，快手开始加速开放商业流量。据了解，目前，快手90%的用户都有可能看到广告，每个用户看到广告的概率是3%。也就是说，在快手平台，每100个视频就有3个广告。相较于之前，这个数量增长了1倍。

总而言之，目前，快手的产品结构已经相对完善，流量端的潜力不容小觑，销售端铺开成为快手商业化的关键。

Part 2

直播带货篇

第 4 章

快手直播：流量变现新阵地

“老铁经济”：信任关系奠定带货基础

经常看快手直播的人可能会发现这样一种情况：很多在直播间与观众闲聊的主播可以非常轻松卖出几百、几千甚至上万件商品。为什么会出现这种情况？快手的内容生态、社区氛围及“老铁经济”无疑发挥了很重要的作用。

服装店老板在义乌等地的线下档口批发衣服、玉石厂资深师傅对原料质地进行检测、农民在鸟语花香的果园里耕作等，这些真实、新奇、丰富的原生态内容在快手直播间随处可见，正是这些内容帮助主播与粉丝建立了良好的信任关系。

除有吸引力、有助于建立信任的内容外，“老铁经济”对快手直播带货也非常关键。在直播过程中，快手主播考虑的重点不是怎么让平台推荐直播间，而是用什么方法拉近与观众的距离，让观众对主播产生亲近感。这种亲近粉丝的做法为快手主播带来了大量拥趸。

快手的互动秒榜机制将“老铁经济”体现得淋漓尽致。该机制的玩法是当某用户在为主播刷礼物的榜单中夺得榜首后，主播会号召粉丝关注该用户，对他表示感谢，这就使刷榜第一的用户大量卖货成为可能。这种方式可以让主播与刷礼物的粉丝建立互惠互利关系，持续增强快手平台的“老铁”社区属性。

快手头部达人辛巴就是互动秒榜机制的受益者。在刚注册快手时，辛巴在多个头部主播的直播间刷了大量礼物，借助互动秒榜机制，仅用三个月的时间就积累了795万粉丝。有了粉丝之后，辛巴没有选择立即卖货变现，而是先与粉丝建立信任，例如，辛巴通过分享短视频作品及直播将自己的日常生活呈现给观众，树立了一个充满正能量、积极向上的形象，拥有了“农民的儿子”“淳朴的商人”等标签。

与粉丝建立足够信任后，辛巴开始卖货变现，“需要你就买，不需要你就不买”是他最常用的直播销售话术。成名后，辛巴也不避讳在直播间向粉丝展现自己真实的一面，例如，在直播间与黑粉争执、因被误解而痛哭、因为一瓶酒的价格和品牌商争吵等。

除粉丝与达人的信任关系外，“老铁经济”的另一特征就是极高的流量利用率。我们可以从辛巴直播带货中很好地认识到这一点，如图4-1所示。

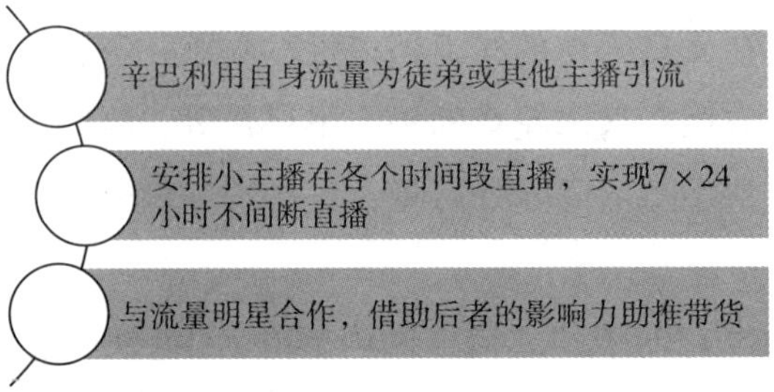

图4-1　辛巴对流量的极致使用

（1）在日常直播时，辛巴往往会与他的徒弟或旗下签约主播一同直播，利用自己的人气给后者导流。在辛巴的帮助下，其徒弟曾在2小时内增加了近80万粉丝。这种大主播带小主播的双人直播玩法，在“618”“双11”等大型电商促销活动中的效果尤为突出，即多个小主播与大主播形成卖货主播矩阵，相互导流，大幅提高直播卖货成交率与客单价。

（2）辛巴团队会安排小主播在各个时间段直播，实现7×24小时不间断直播。主播在非黄金时间段直播，虽然平台整体流量相对较少，但开播主播较少，竞争激烈程度较低，是小主播锻炼直播能力并吸引粉丝的好时机。考虑到这些小主播的卖货能力有所欠缺，辛巴团队会通过差异化选品来提高粉丝下单率。此外，辛巴团队还开设了淘宝店铺，将直播间流量引向店铺，提高店铺销量。

（3）辛巴与流量明星合作，借助后者的影响力带货。以辛巴与郭富城合作为例，2019年7月4日，辛巴邀请郭富城合作直播卖货，5秒钟成交了5.5万单，卖出16.5万瓶AKFS+洗发水。

从整体来看，依托快手的“老铁经济”，以辛巴为代表的快手达人用更加真实、有温度的导购风格，为观众推荐各种优质低价好货，快手平台则从流程、规则等方面为双方交易提供保障。在多方的通力合作下，快手直播带货被推向新高点。

渠道保障：供应链改造打造性价比

快手直播带货尤为重视商品的性价比，因为在快手用户中，三四线及以下城市用户占据很大比例，想要说服这些用户购买某件商品，主播必须明确展现产品的利益点，而性价比是最简单、最直接的产品利益点。

快手用户追求性价比与实用性。在直播带货过程中，如果主播向其讲材质、讲功能、讲品牌，很难打动他们。快手保证商品性价比的3大措施如图4-2所示。

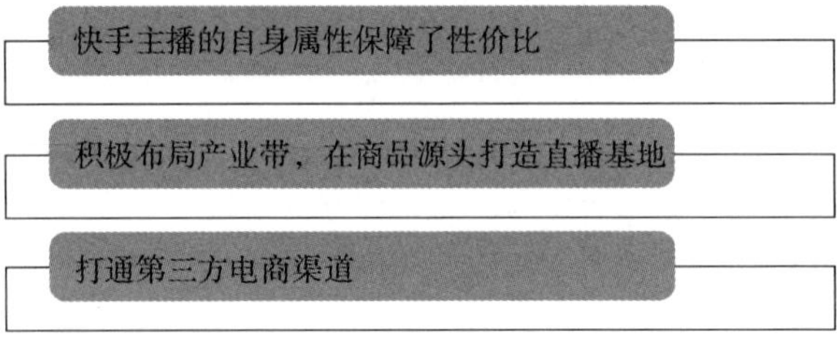

图4-2　快手保证商品性价比的3大措施

（1）快手主播的自身属性保障了性价比。在快手，很多主播在工厂、原产地、产业带做直播，直播内容往往就是他们的日常生活与工作。例如，一些快手主播对自己的果园进行直播——将果树成长及果实采摘过程展现给观众，让观众亲眼见证商品的生产过程，从而对商品品质更加放心。因为这些商品是源头直供，主播可以将价格压到很低，充分保障商品的性价比。

（2）快手积极布局产业带，在商品源头打造直播基地，让主播有更多源头好货提供给直播间观众。快手通过品类优化、严控质量、引入第三方服务商、连接产业链资源等建立了“源头好货”模式。该模式可以让此前缺乏议价能力的中小主播和原产地、工厂等建立稳定的合作关系，解决供货问题。同时，快手将为这些主播提供背书，提高消费者对其的信任度。

以快手布局珠宝玉石产业带为例，快手为珠宝玉石主播打造了“快手见宝”聚合页，在该页面中，主播及其销售的商品将获得快手官方认证。有了高性价比的商品，再加上快手官方背书，主播带货的成交量与复购率可以得到充分保障。根据快手官方公布的数据，在2018年“116卖货王”期间，快手主播娃娃的粉丝复购率达到了75%，这是绝大部分其他平台的卖货主播很难做到的。

（3）打通第三方电商渠道。主播在快手直播卖货时，不仅可以销售自有货源的商品，还能销售淘宝、京东、拼多多、有赞等第三方电商平台的商品。这些第三方电商平台发展多年，供应链、交流流程、售后服务等已经较为完善，可以更好地保障消费者的购物体验。

在快手平台的帮助下，主播可以在供给端连接工厂、原产地及产业带，获得性价比较高的商品；在需求端直面终端消费者，通过好玩有趣、打动人心的直播内容引导其购买，实现口碑与利润的双重收获。在此基础上，越来越多的快手主播开始自建品牌、工厂及网店，为粉丝提供更加丰富、优质的商品。

以辛巴为例，辛巴销售的商品都经过其团队精挑细选，为了卖蜂蜜，辛巴前往养蜂场；为了卖乳胶枕，辛巴前往泰国乳胶枕工厂。有时，辛巴还将产品的生产加工过程，以及他与工厂老板砍价的过程呈现给观众。目前，辛巴在天猫开通了线上店铺“辛有志”，该店铺的很多忠实顾客就是来自其快手直播间。

从长期看，快手布局产业带是为了打造一个更完善的电商生态体系。一方面，快手帮助更多创作者及商家建立人设，并为其提供丰富的货源，为其直播卖货提供诸多便利；另一方面，我国存在很多不知名的中小厂商，它们有稳定的供货能力，但没有知名度，也没有可靠的销货渠道，而快手的直播带货恰好可以帮它们解决这些问题，在帮助它们销售商品的同时，还能推动品牌建设。

流量资产：私域流量释放变现潜能

近几年，快手在商业化方面动作频频，多线作战，广告、短视频电商、直播卖货等都已经成为快手的变现模式。在这种背景下，快手的私域流量的热度也越来越高。那么，究竟什么是私域流量？快手的私域流量又有什么商业价值呢？

◆何谓私域流量

私域流量是创作者自有且能重复利用的流量，主导权掌握在创作者手中，而不是平台方，主要通过社交关系积累，支持广告、内容电商、内容付费等多元化的变现模式。对于创作者而言，与公域流量相比，私域流量需要较长的时间积累，但其对创作者的忠诚度、信任度更高，商业价值也更高。

为了帮助媒体号、创作者、MCN机构等进行商业变现，快手推出了“快UP计划”“双十计划”“快成长计划”“百万游戏创作者扶持计划”等多项计划为其提供私域流量支持。

事实上，私域流量是快手商业生态的重要支撑。在“2019年快手光合创作者大会”上，快手明确表示会将品牌去中心化、私域流量价值及社交资产沉淀作为商业化关注的焦点。在商业生态领域，快手将帮助广大创作者持续积累社交资产，充分发掘快手商业私域流量的价值，让创作者都能找到适合自己的变现之路。

◆快手跟私域流量更配

私域流量的变现潜力正在逐渐释放。很多实践案例证明，借助信任关系逐渐积累的私域流量可以让创作者更高效、精准地对接有需求的目标用户，从而提高转化率、客单价与复购率。同为流量变现，公域流量运营是简单粗暴地追求高曝光、强刺激，而私域流量运营是通过原生内容引导、鼓励用户。快手的私域流量为什么能受到广泛关注呢？这是因为其强大的变现潜力。

以三一重工在快手直播卖货为例，作为国际知名的机械制造商，三一重工生产的机械设备销往世界各地，但很多人仅是听说过三一重工，对它缺乏足够了解，感觉它距离日常生活很遥远。听到三一重工在快手上直播卖货时，很多人会想“这样一个每天和机器打交道的品牌做直播有什么意义呢？没意思，不想看”。

当时三一重工刚在快手上注册没多久，粉丝只有483个。由于粉丝少而且品牌不贴近观众，很多人对其直播卖货并不看好。开播时直播间的人气似乎也验证了这一观点。在1小时的直播里，只有700多人观看直播，但卖货成交额却非常惊艳，最终单价35万元以上的压路机卖出了31台，如图4-3所示。

图4-3 三一重工的快手号

三一重工直播卖货的成功在很大程度上得益于快手的私域流量，虽然其粉丝少，但精准度高，从而保障了转化率与成交额。快手私域流量的高价值为很多创作者带来了丰厚的利润，快手官方公布的数据显示，2018年“618”购物节期间，快手创作者获得的收益分成超过了6000万元。

◆私域流量提高变现能力

对于创作者而言，快手的海量公域流量固然非常诱人，但更关键的是快手可以帮创作者打造私域流量体系，积累社交资产。快手用户与用户及用户与创作者之间建立的“老铁”关系，为快手商业化带来了诸多便利。区别于传统的流量思维，快手的商业化是生态思维，强调可持续、互利共生。在这种背景下，快手在继续巩固公域流量优势、做大平台整体流量池的同时，更注重帮助创作者运营私域流量，积累社交资产。

为提高创作者利用私域流量变现的能力，快手从多个方面为创作者提供支持，例如，快手与MCN机构建立深度连接，根据快手的平台特性、内容生态等为内容创作者提供专业指导，帮助其创作出更适合商业变现的短视频作品；快手开发的AI系统可以对私域流量中的用户进行筛选，开展“千人千面”的定制广告推荐，让创作者不必自己寻找广告商资源，只要创作出优秀的内容即可完成变现。

2019年7月上线的“光合计划”就是快手为支持创作者变现设计的。根据该计划，快手将在未来1年的时间里用价值100亿元的流量帮助10万个优质内容创作者快速成长。同时，快手将为创作者变现推出更多利好政策，并进一步完善平台服务设施，降低创作者变现门槛，提高变现效率。

目前，直播卖货虽然处于蓬勃发展期，但随着越来越多的创作者与品牌商的加入，行业竞争将变得越发激烈，用户也期待创作者能够提供更高质量的直播内容。快手在帮助创作者运营私域流量方面所做的所有努力，将推动直播卖货迈向新台阶。内容创作者想要抓住这一机遇，必须在利用快手沉淀社交资产的同时注意修炼内功，不断提高自己的直播卖货能力。

【案例】江中初元携快手直播焕新品牌

在很多人的印象中，营养品往往与令人厌烦的洗脑广告相关联，让很多人对营养品品牌产生了抵触情绪。尤其是进入移动互联网时代之后，各种新媒体平台大量涌现，营养品的传统广告模式与人们的内容消费习惯格格不入。如何推动营养品营销升级，让产品及品牌在目标用户心目中留下良好的印象，实现口碑与利润的双丰收，成为各大营养品品牌亟待回答的问题。

江中初元在这方面的探索交出了一份完美的答卷。2019年11月25日，江中初元联合广东省扶贫基金会共同发起“向爱出发”广东省扶贫基金会散打家族爱心基金启动仪式暨散打家族见面会活动，与快手头部达人散打哥及其团队合作，为营养品营销创新提供了一种新思路，如图4-4所示。

图4-4 江中初元“向爱出发”群星演唱会

◆突破新思维，跨界联合群星唱响好产品

此次活动以公益演唱会加直播卖货的形式进行，邀请了陈小春、梁咏琪、黄家强、胡夏、马良、陈势安等明星进行公益演唱，散打哥团队负责直播卖货。与单纯的直播卖货不同，散打哥团队的此次直播卖货更偏向于回馈粉丝，不仅产品价格低、质量有保障，而且向观众免费赠送了大米、家电等很多日常用品。

同时，散打哥团队还在此次活动中捐赠了1000万元，成立了广东省扶贫基金会散打家族爱心基金。该基金将用于帮助地中海贫血症患者和其他需要帮助的贫困学生、疾病患者等。在这场活动中，用户可以感受到爱心的传递。

这也正符合江中初元的经营理念与价值观，江中初元传承了华润江中助力大健康产业发展的理念，践行企业社会责任，长期助力社会公益，以匠人匠心打造健康产品。通过此次活动，江中初元携手散打哥团队向社会传递温暖，同时也对自身的品牌建设产生了非常积极的影响。

◆养生新时代，初元精准洞察目标人群

江中初元专门在活动现场设置了初元福利专区，该区域是散打家族粉丝见面会的黄金流量区。随着人们生活水平不断提升，人们对营养品的重视程度越来越高。在家庭中，不仅儿童与中老年人消费营养品，越来越多的年轻人也开始成为营养品的忠实用户。

认识到人们对营养品的广泛需求后，江中初元长期投入大量资源用于技术研发与产品创新，背靠蛋白质药物国家工程研究中心的蛋白研发技术，推出了满足术后、病后人群恢复健康需求的复合肽营养饮品，以及针对老年人的氨基酸产品和针对日常营养补充的蛋白粉产品，为人们的身体健康保驾护航。

◆追击再打造，初元牵手快手直播营销新视代

活动大获成功后，江中初元决定追加营销资源，进一步放大活动效果。活动次日，江中初元与散打哥团队再度合作，携优质低价好货登录散打哥快手直播间。达人推荐、品牌让利，再加上活动带来的话题效应，使此次直播卖货活动大获成功。统计数据显示，此次直播卖货总计曝光量高达2600万人次，累计向初元旗舰店引流超过10万人次，相关产品总点击量超过30万人次。

整体来看，江中初元利用快手强大的社交属性，借势散打哥等明星达

人，积极探索直播营销模式，为传统营养品营销创新提供了一个新思路。强调简单、普惠、真实的快手，可以让优质产品迅速脱颖而出，也可以让劣质产品无所遁形。江中初元追求的并非“昙花一现”的爆款营养品，而是能够经得起市场考验的长青营养品。江中初元选择与散打哥合作做直播营销，充分体现了其对自身产品品质的信心。

第 5 章

直播前：活动准备与预热

Step 1：开通直播权限

在利用快手做直播卖货前，主播首先需要获得快手直播权限。那么，主播如何才能获得快手直播权限？开通快手直播权限时有哪些注意事项呢？

◆开通快手直播权限步骤

快手直播权限的开通步骤如下：

（1）打开并登录快手App后点击左上方的三条横线标识。

（2）点击左下方“设置”，进入设置页面。

（3）点击设置页面中的“开通直播”，进入申请直播权限页面。

（4）点击绑定手机号栏中的“去绑定”选项，进入绑定手机号页面。

（5）点击“实名认证”，进入上传身份证明页面，然后根据提示上传相应资料，如图5–1所示。

图5–1 快手直播权限开通步骤

完成实名认证后，系统会自动判断用户是否满18周岁，如果未满18周岁则不能开通直播。同时，系统会判断“当前账号是否状态良好”以及“作品违规率是否在要求范围”。对于“当前账号是否状态良好”，快手要求当前账号不能处于违规封禁状态，否则要等违规封禁结束后才能申请开通直播；对于“作品违规率是否在要求范围”，快手要求账户不能有太多违规作品，否则需要多发布优质作品，将作品违规率降至安全线以内才能开通直播。满足上述所有条件后，申请人打开直播功能开关，即可获得直播权限。

◆搭建私域流量

开通快手直播后，为了留住直播间观众，沉淀一批忠实粉丝，主播还要学会搭建私域流量。主播通过快手搭建私域流量时，可以运用以下技巧，如图5–2所示。

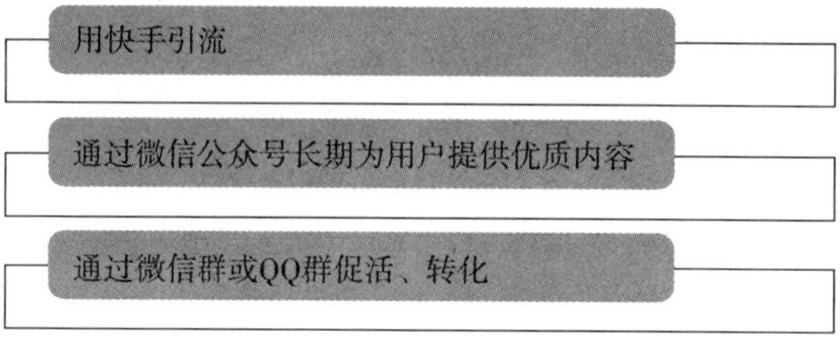

图5–2　利用快手搭建私域流量的3大技巧

（1）用快手引流。在直播间或发布的短视频作品中引导粉丝加群；在快手粉丝群聊中引导粉丝加群。

（2）通过微信公众号长期为用户提供优质内容。为新关注的用户准备小礼物（如学习资料、优惠券等）；通过优化标题与封面图提高文章打开率；通过故事内容提高文章的可读性。

（3）通过微信群或QQ群促活、转化。开展社群活动，拉近主播与粉丝的距离；引导话题讨论，提高社群活跃度；定制设计促销活动引导粉丝购买。

Step 2：打造讨喜人设

在直播带货中，人（主播）是一个必不可少的因素。有了优秀主播后，直播间才能留住观众，如果主播的能力不足或者与品牌不匹配，带货效果将大打折扣。几年前，人们印象中的主播大多是秀场主播，通过在直播间表演才艺吸引观众，获得礼物，整个直播过程没有商品销售环节，但在直播卖货过程中，主播要向观众推荐商品，其身份中增加了导购员这一角色，对主播的业务能力与综合素质提出了更高的要求。

对于卖货主播而言，人设打造尤为关键。有了清晰明确的人设后，主播才能给观众留下深刻印象。在快手平台打造人设，要注意平台强调真实的特性，人设打造最好结合主播个人的兴趣、特长、风格等。有些主播特别是新手主播会盲目尝试一些时尚潮流的人设，如森系人设、二次元人设等，认为这样的人设更容易吸引粉丝。事实上，这样的人设不一定适合主播，或者说主播不能驾驭这种人设。一旦出现这种情况，主播就要戴着“面具”和粉丝沟通。而快手强调真实，广大“老铁”们不愿意和矫揉造作的主播沟通。一旦主播树立这样的人设，不仅留不住观众，更无法沉淀忠实粉丝。

因此，主播在确定人设前，可以先做一个自我分析，如分析自己是什么性格、比较擅长什么领域、有什么特色、生活方式与价值观是什么等。在对自己有了足够的了解后，主播便可确定真正适合自己的人设。例如，主播性格比较安静，对古文化感兴趣，就可以为自己设置一个文艺范的人设。确定了人设之后，主播要分析如何将这种人设放大，获得直播间观众的认可。

以散打哥为例，散打哥的人设主打正能量，粉丝可以通过他的言行举止感受到这一点。例如，散打哥会在直播间内分享充满正能量的好人好事，积极投身公益事业帮助有困难的群体等。在散打哥粉丝心中，散打哥就像一个充满正能量的兄长，是值得他们学习的榜样，所以，很多粉丝会亲切地称散打哥为“打哥”。认可了散打哥的人设后，粉丝购买其直播推荐的商品便成了水到渠成的事情。在散打哥网店用户评论区，经常看到的一条评论就是“支持散打哥”，如图5-3所示。

图5-3 散打哥的快手分享

需要注意的是，对于商家出身的主播而言，在打造人设时还要考虑自己销售的商品，有些商品因为商品本身的特性或品牌调性对主播人设有一定的要求。例如，一个性格张扬、幽默搞笑的人不适合销售母婴用品，因为这类商品对品质要求非常严格，而这种人设的主播很难获得消费者的信任。如果主播强行推荐，不仅不能带动产品销售，还可能产生反作用。

Step 3：优化产品选择

货品选择也是影响直播卖货成交量的关键。优质低价的商品本身就是最好的广告，主播推荐这类商品不仅能获得销售商品创造的利润，还能增加粉丝对自己的信任。那么，在快手直播卖货过程中，主播及其团队应该如何做好货品选择呢？通过对快手商品榜TOP100[①]进行分析，我们可以找到答案。

◆价格：10~100元产品更有爆发优势

统计数据显示，在单日快手商品榜TOP100榜单中，10～100元的商品占比高达73%；10元以下的商品占比13%；100～500元的商品占比为13%；500元以上的商品占比仅有1%。在7日快手商品榜TOP100榜单中，10～100元商品占比63%，虽然有所下滑，但占比仍然很大；10元以下商品占比有所增长，为20%；100～500元的商品占比略有增长，为15%；500元以上商品占比2%，如图5–4所示。

---

① 卡思数据。

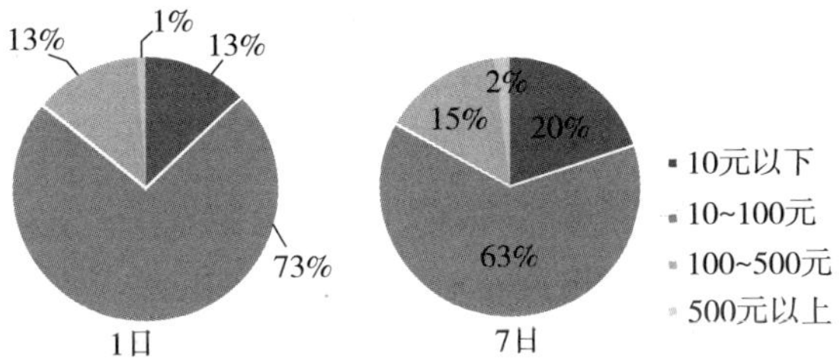

图5-4 快手商品榜TOP100榜单价格分布

因此，主播及其团队做快手直播卖货时，选择价格10～100元的商品更有优势。例如，王祖蓝在直播卖货时向观众推荐了一款单价49.9元的“男士火山泥洁面”，销售15万件，成功进入近7日快手商品榜TOP100榜首。

◆销售额：走量居多

分析完快手商品榜TOP100榜单中的商品价格后，我们再来分析销售额。数据显示，单日成交榜中成交量超过1万件的商品有9个，其他商品成交量基本位于2000～1万件。在7日成交榜中，排名前三的商品成交量均超过了10万件，另有10个商品的销量在5万～10万件，其他商品销量都在1万件以下。

在7日榜TOP100商品销售额榜单中，商品成交额主要位于500万元以下，其中，商品交易额在50万元以内的商品有42个；商品交易额在50万～100万元的商品有17个；商品交易额在100万～500万元的商品有34个；商品交易额超过500万元的商品有7个，如图5-5所示。

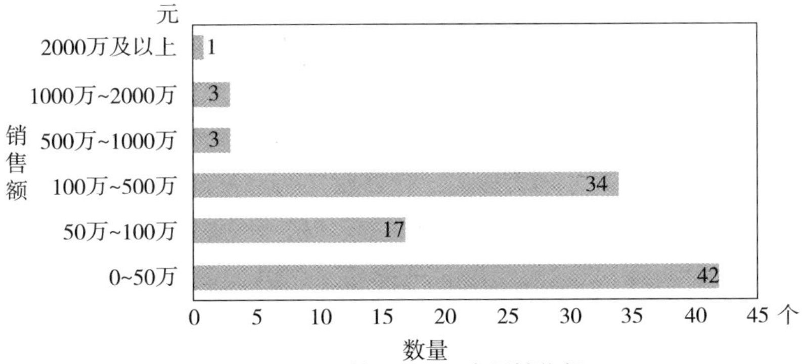

图5-5 7日榜TOP100商品销售额

◆品类：食品饮料与美妆护肤

此处，我们将快手直播卖货的商品分为家居日用、个护清洁、美妆护肤、家用电器、3C数码、母婴儿童、食品饮料、健身户外、鞋包服饰、服装、宠物及其他十二大品类。而在日榜与7日榜快手商品TOP100榜单中，食品饮料与美妆护肤两大品类占据了绝大部分。其中，在日榜中，这两大品类占比为55%；在7日榜中，这两大品类占比为60%，如图5-6所示。可以说，目前，食品饮料与美妆护肤是快手直播卖货商品品类的主力军。在性别比例方面，这两个品类的女性消费者占比较多。

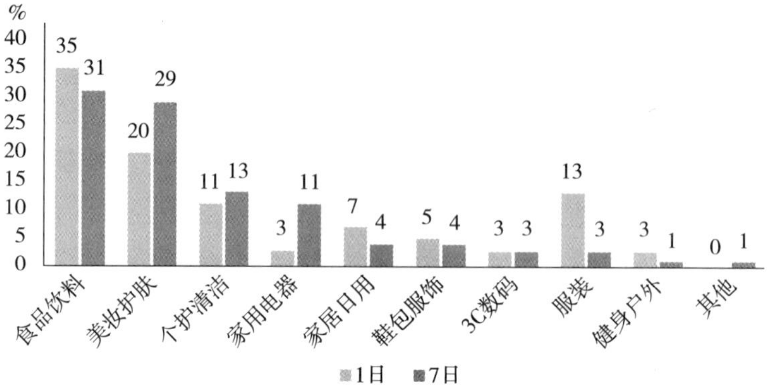

图5-6　快手商品榜TOP100品类分布占比

消费者在直播间下单购物，很多时候是冲动消费，购买的商品主要是易损耗、消费频率高的商品。母婴用品对商品质量要求高，消费者更挑剔，决策周期相对较长，在快手直播卖货中这类商品的成交量相对较低。此外，广告商的广告投放周期对各品类商品在榜单中的时长有一定影响。一般来说，某品类商品广告商的广告投放周期越长，该品类商品在榜单中出现的时长也相对越长。结合榜单分析不难发现，服装品类广告投放周期相对较短，美妆护肤与家用电器的广告投放周期相对较长。

◆品牌：贴牌品牌显优势

在各行业的市场竞争中，商品品牌知名度会对商品销量产生较大影响。那么，在快手直播卖货中，品牌是否也能产生这种影响力呢？事实上，在快手直播卖货中，品牌影响力受到了一定程度的削弱，消费者下单时考虑的主要因素是他们对主播的信任程度以及商品是否有价格优势。

此处，我们不妨将快手直播卖货中的品牌分为贴牌品牌、小众品牌、自研品牌及知名品牌四大类。其中，贴牌品牌可以理解为品牌商从工厂采购成品，然后给商品换上自己的品牌进行销售；小众品牌是指知名度较低，用户群体较少的品牌；自研品牌是指主播及其团队自主创建的品牌（如ZUZU、JLV、CUIR、辛有志严选、棉密码等）；知名品牌是指具有较高知名度的品牌。

在快手商品TOP100榜单中，贴牌品牌占比49%，小众品牌占比23%，二者累计占比高达72%，这说明快手直播卖货的品牌门槛较低，即便中小商家甚至小微商家也有机会，如图5-7所示。而自研品牌对主播名气要求较高，其占比较低也很容易理解。快手商品榜TOP100榜单中知名品牌占比只有16%，且商品主要是食品饮料与家用电器。

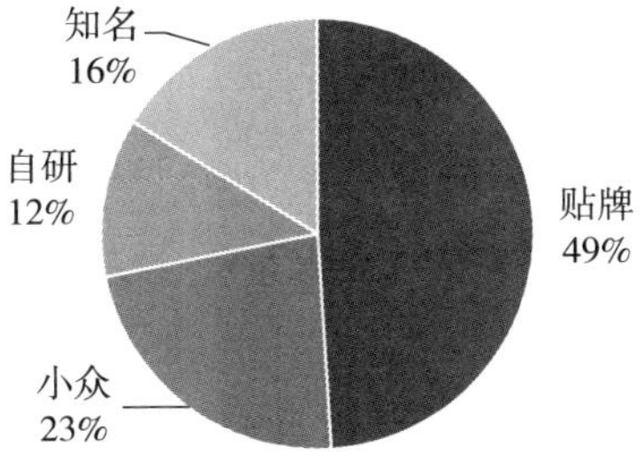

图5-7 快手商品榜TOP100品牌分布占比

综上所述，主播及其团队在快手做直播卖货时，货品选择要注重价格优势，尽可能选择10～100元的商品；品类优先选择食品饮料与美妆护肤；品牌选择要避免盲目追求知名品牌，即便是小众品牌，如果商品品质有保障，价格有优势，同样可以创造巨大收益。

Step 4：直播间布置与陈设

场即直播间，其布置需要主播及其团队予以高度重视。那么，在快手直播卖货过程中，主播及其团队怎样布置一个能够有效卖货的直播间呢？具体来看，直播间布置可以从以下几个方面着手。

◆直播设备

直播设备是直播间的重要组成部分，直播设备的选择要与具体场景及所销售产品的特性相结合。如果是室内直播，最好选择性能更好的PC端设备；如果是室外直播就要选择一个性能更好的手机。而对于一些需要呈现细节的商品，主播还要考虑使用专业的摄像设备。

手机直播的常见设备有手机、声卡、麦克风；电脑端的设备主要包括电脑、摄像头、麦克风等。无论手机直播，还是电脑直播，都需要一个备用的手机或电脑，以便查看直播间弹幕。此处我们以电脑直播为例，对快手直播卖货需要的设备进行简单分析。

（1）电脑。直播使用的电脑对处理器要求较高，最好使用i5及以上的处理器。

（2）摄像头。摄像头应该选择高性能的摄像头，保障画面清晰的同时，还要具备美颜、瘦身等功能。

（3）麦克风。麦克风应该尽可能地选择电容麦克风。与普通麦克风相比，电容麦克风在灵敏度、音质、拾音范围等方面的表现更好。

◆直播间灯光

灯光对直播间画面效果有着直接影响。在布置直播间灯光时，主播及其团队可以采用类似服装店的布光形式，即在房间顶部安装很多LED灯来照亮直播间。这种布光方式需要注意LED灯的瓦数与色温，如果搭配得当就能产生非常好的效果，缺点是需要安装较多的LED灯。

同时，直播间布光还可以选择主灯与补光灯相结合的布光方案，最常用的布光方案是1个顶灯，左右各1个侧灯，灯的瓦数以800~1200瓦为佳。如果想要更加柔和的光线，可以考虑将柔光灯箱替换为柔光球。

◆背景墙

在直播间中，如果主播的背后是一面单调的墙壁，很容易给观众的观看体验造成负面影响，例如，使观众视觉疲劳、减少观众在直播间的停留时间。为了给观众呈现更好的直播画面，直播间背景墙应该怎么布置呢?

布置背景墙最实用的方式是买一张壁纸。如果有条件，主播及其团队还可以找专业的设计师对墙面进行精心设计，并在墙面悬挂一些山水画等装饰品。需要注意的是，装修背景墙时，背景墙颜色应该以纯色或浅色为主，图案选择不要太复杂，以降低直播间给观众造成的压迫感。此外，在一些节日，主播可以在背景墙添加一些带有节日气息的装饰品，通过这种小细节帮助主播赢得观众好感。

Step 5：卖点提炼与宣传预热

每一场成功的直播卖货都经过精心准备，除直播权限、主播人设、货品选择、直播间布置外，直播脚本设定、形象包装、宣传预热等也是必不可少的准备工作。

◆准备直播脚本

面对大量观众及各种突发情况，主播可能会出现思维混乱、记错信息等问题，在开播前策划直播脚本可以帮助主播有效解决该问题。直播脚本对直播卖货的整个流程做了系统规划，主播参照直播脚本进行直播，可以保证直播有条不紊地进行，在规定时间内完成团队分配的任务。

怎么设定直播卖货脚本呢？直播卖货脚本需要对直播结构与层次进行系统划分，明确直播流程，让主播、助理等工作人员知道应该在什么时间做什么工作。在设定直播脚本时，主播及其团队要注意直播节奏，把握好介绍商品、推出促销活动的时间，合理回答观众提问等。

◆形象包装

此处的形象包装主要是指主播的着装与化妆。形象包装可以增强主播气质，提高主播自信，给观众更好的感官享受。更关键的是，形象包装还能强化主播的人设，让主播更容易获得观众信任，从而有效提高转化率与客单价。特别是一些销售化妆品、衣帽服饰的主播，如果形象包装较差，很难说服观众购买。

主播的着装与化妆既要符合人设定位，又要体现个人特色。建议有条件的主播找一位专业的造型师进行咨询，让造型师为自己设计一套造型方案，每次直播时结合这套方案进行简单的调整即可。当然，主播的着装与化妆并不是固定不变的，有时为了突出产品效果，主播可以画淡妆或者素颜出镜。如果要做户外直播，主播可以选择运动装、休闲装等。

◆选择直播时间

直播时间的选择要结合主播所处阶段确定。直播时间可以分为上午场、下午场、晚场、夜场，其中，上午场、下午场和夜场流量较少，因为大部分人需要工作和休息，能看直播的时间相对有限。因此，有实力的主播通常不会在这些时间段直播。

新人主播不妨选择这些时间段来锻炼直播技能，吸引忠实粉丝。因为这些时间段的观众主要是空闲时间较多的大学生、宝妈、自由职业者等，他们观看直播的时间稳定，有利于主播沉淀粉丝。晚场是直播卖货的黄金时段，这个时段流量多，能够达成更高的成交额，但竞争也非常激烈，对主播的直播能力有较高要求。

除直播时间外，直播时长的选择也很重要。对于直播卖货而言，直播时长以1～2小时为佳。

◆测试设备

正式开播前，为了确保直播设备能够正常工作，主播要对直播设备进行测试，如测试直播画面呈现效果、音频效果，用手机能否正常打开直播间，能否看到直播间的弹幕等。

◆直播预热

为了保障直播间的流量，主播及其团队在开播前还要做好直播预热。直播预热可以采用图5–8所示方式。

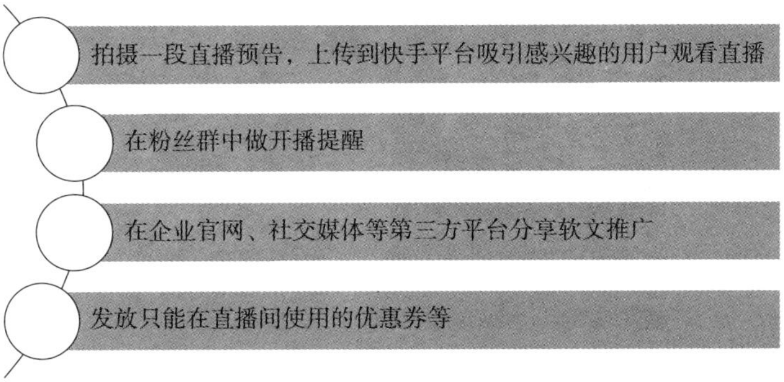

图5–8　直播预热的4大措施

◆卖点提炼

在直播前，主播要将产品卖点提炼出来，找到核心卖点，这样才能在直播卖货的过程中将其清晰地介绍给观众，从而打动观众，促成更多交易。那么，主播如何提炼产品卖点呢？主播不仅要做充分的资料调查，更要与提供商品的厂商或品牌商等密切沟通，找到产品在功能、材质、价格、售后服务等方面的优势。此外，主播还可以对商品的同质竞品进行分析，思考如何说服观众下单购买。

第6章

直播中：用户激活与营销

Step 1：多维度介绍产品

直播卖货的最终目的就是销售商品，想要实现这一目标，主播必须做好商品介绍。商品介绍非常考验主播的能力，主播既要通过介绍商品让消费者了解商品的基本信息（如功能、用途、使用方法等），又要充分说明商品的优势，促使观众购买。在向观众介绍商品时，主播可以选择以下6大内容（见图6–1）：

（1）讲述品牌故事。爱听故事是人的天性，在介绍商品时，讲故事可以在一定程度上消除观众对推广的抵触情绪，让观众更深入地认识品牌。讲品牌故事时，主播可以讲创始人曲折但励志的创业故事，这种故事更容易打动观众，刺激观众进行冲动消费。

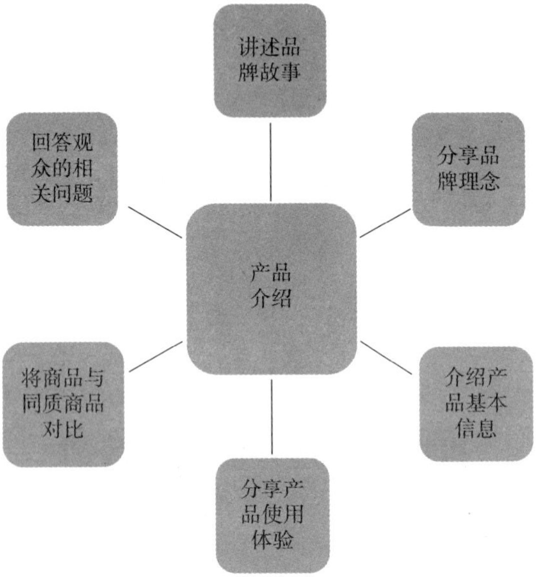

图6-1　产品介绍可以选择的6大内容

（2）分享品牌理念。品牌理念包括企业使命、经营思想、行为准则等，具有引领组织发展、吸引品牌忠实粉丝的作用。很多企业的品牌理念充满正能量，例如，IBM的企业使命——无论是一小步，还是一大步，都要带动人类的进步；GE的企业使命——以科技及创新改善生活品质；中国移动的企业使命——创无限通信世界，做信息社会栋梁；惠普的企业使命——为人类的幸福和发展做出技术贡献；万科的企业使命——建筑无限生活等。这种充满正能量的品牌理念能够鼓舞人心，给观众留下良好印象。

（3）介绍产品基本信息。介绍产品基本信息是为了让观众了解产品，介绍的内容包括产品材质、功能、生产工艺、使用场景、使用方法等。

（4）分享产品使用体验。直播卖货的一个优势在于主播可以现场体验一些产品，让消费者亲眼见证产品的特性、优势等。在现场体验产品时，主播要将自己的产品使用体验分享给消费者，从而打动消费者，让消费者产生期待。

（5）将商品与同质商品对比。主播通过将自身商品与同质商品进行对比体现自身商品的优势，给消费者一个选择自己商品的理由。

（6）回答观众的相关问题。在主播介绍商品的过程中，观众可能会对商品产生很多疑问，这些问题都是观众从消费者视角提出的，而且提问的观众对商品比较感兴趣。主播必须认真回答这些问题，进一步提高下单转化率。

Step 2：控制语调与语速

◆关于语速、语调

主播介绍商品时要对语速、语调进行有效控制，做到吐字清晰、语言富有感染力。一般来说，主播将语速控制在130字/分钟左右即可。

语调控制是通过声调高低抑扬顿挫变化实现的，涉及声音的高低、长短、轻重、快慢等。讲述不同的信息时，主播要使用不同的语调，例如，讲述商品价格、型号等信息时，主播要提高、放慢、加重语调，反之，主播要降低、加快、减轻语调；传递积极快乐的情绪时，主播可以提高语调，反之，主播要降低语调；讲述较长的句子时，主播可以在句尾延长语调，反之，主播要缩短句尾语调。

此外，主播介绍商品时要学会适时停顿，一方面减轻自己的直播压力，另一方面给用户留出足够的时间进行思考。常见的停顿包括语法停顿、感情停顿、逻辑停顿、生理停顿等，主播可以在工作之余做针对性练习，逐渐掌握停顿技巧。

◆关于肢体语言

主播在介绍商品时，肢体语言的运用非常重要。美国传播学家艾伯特·梅拉比安（Albert Mehrabian）曾提出一个公式：沟通效果=7%的语调+38%的声音+55%的肢体语言。因此，为了增强沟通效果，主播需要学会利用肢体语言。肢体语言涉及头、眼、颈、手、肘、臂、身、胯、足等多个部位，此处我们选择直播卖货中比较重要的几个肢体语言进行分析。

（1）站姿。在直播带货过程中，主播经常站着向观众介绍商品。那么，什么是正确的站姿呢？正确的站姿要求主播挺胸、收腹、双腿伸直、双脚打开（比肩略宽）。

（2）手势。将手放在不同的位置呈现出来的气场不同。一般来说，主播将手放在腰部以下，气场较弱，感染力较弱；主播将手放在腰部以上、脖子以下，气场较强，感染力较强；主播将手放在脖子以上，气场最强，感染力最强。

（3）眼神。在介绍商品时，主播的眼神要向前平视，眼神坚定，避免频繁眨眼，给观众可靠、真诚、自信的感觉。

Step 3：激发顾客购买欲

想要实现卖货目标，主播不仅要向观众介绍商品，还要刺激观众产生购买冲动。这就要求主播把握观众心理，制定有针对性的销售策略，如图6–2所示。

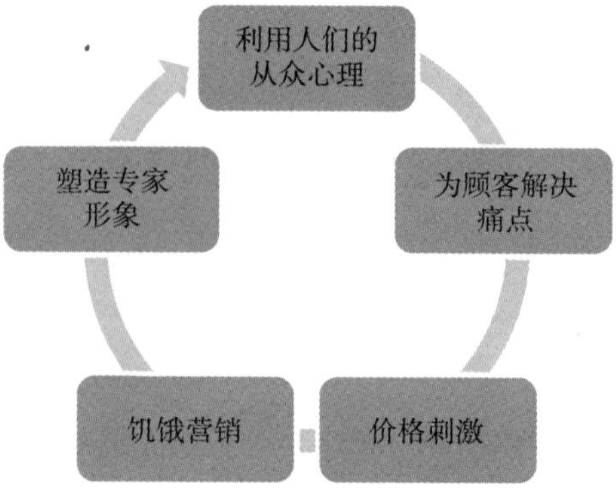

图6–2　激发顾客购买欲的5大措施

（1）利用人们的从众心理。研究证明，在外界群体行为的影响下，个体会在知觉、判断、认识等方面表现出迎合多数人的行为。反映在购物消费上，当人们发现大部分人的选择与自己相同时，就会获得更多的安全感；如果发现自己的选择是少数，可能会陷入自我怀疑，如“我是不是被骗了”“我选的这款是不是性价比不高”等。因此，主播在直播卖货过程中，可以利用人们的从众心理刺激观众下单购买。

具体如何操作呢？主播可以运用使观众产生从众心理的销售话术，如“这一款连续××月登顶畅销榜”“这一款的销量在官方旗舰店已经突破百万单”“这一款在大型商超中经常断货”等。同时，主播还可以将顾客成功下单的提示音播放给观众。当观众听到直播间频繁响起“你有新的××订单”时，他们会意识到大家都在购买，从而在从众心理的影响下产生购买欲望。

（2）为顾客解决痛点。痛点会给人们的日常生活与工作带来不便，哪些商品能够为人们解决这些痛点，哪些商品就有机会成为爆款。因此，主播在直播卖货时可以先介绍观众在日常生活中遇到的痛点，并结合自己或周围人的经历讲述这种痛点带来的不便，从而放大这种痛点，促使观众产生购物需求，之后，主播再讲述这款商品为什么能够解决顾客痛点、如何解决顾客痛点等。

例如，主播想要在直播间销售一款空气加湿器，可以先向观众讲述空气干燥造成的危害，如皮肤发紧、个别部位干燥脱皮、洗澡后全身发痒、鼻子干燥、呼吸疼痛等，然后再描述这款空气加湿器的作用与优势，刺激观众下单购买。

（3）价格刺激，引发观众占便宜心理。价格刺激在快手直播卖货中的应用非常广泛，其逻辑是观众在本直播间下单能享受最低价格，从而让观众产生“买到就是赚到”的感觉。

（4）饥饿营销。其是通过营造供不应求的氛围，让消费者产生不尽快购买就会错失良机的感受，从而做出冲动消费。实验证明，当人们处于抢购氛围时，会忽略商品的功能、品牌、价格等因素，将主要精力放在购买时机与购买方式上。

那么，主播应该怎样开展饥饿营销呢？主播可以向观众表示“数量有限，先到先得”“秒杀价××元，仅有××件，错过等一年”“这是最后一批，该型号已经停产”等，促使观众感性战胜理性，加入抢购大军。

（5）塑造专家形象。专家是指非常精通某一领域或某种技能的人，他们经验丰富，可以为他人提供有效指导与帮助。人们遇到问题时即便找不到专家，也会寻找对该领域比较熟悉的人咨询。所以，主播将自己塑造成专家形象对卖货很有帮助。这就要求主播在直播前对产品涉及的相关知识与技能进行充分研究，在直播过程中向观众分享相关技巧与经验，并对观众提出的问题做出专业性的解答。

当然，有的知识与技能太过复杂，主播难以快速掌握。对于这种情况，主播可以向商家寻求帮助，让商家派一位专家在直播间内为观众答疑。当观众发现他们提出的大部分问题都能得到有效解决后，便会对主播形成信任，从而产生购买行为。

Step 4：实现留存与复购

◆延长观众停留时间

尽可能地延长观众在直播间的停留时间，是直播卖货实现留存与复购的重要基础。而影响观众在直播间停留时间的一个重要因素便是观众的观看体验。怎么提高观众的观看体验呢？除最基本的优化直播画面、多与观众交流互动外，主播还可以尝试运用以下技巧（见图6–3）：

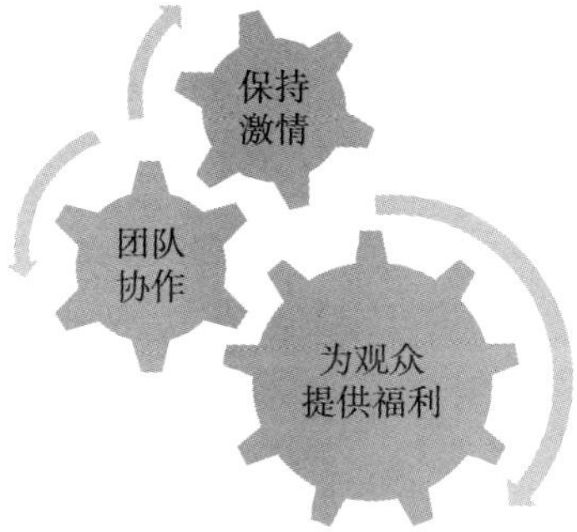

图6–3 延长观众停留时间的3大技巧

（1）保持激情。有激情的主播可以让观众感受到其对工作的热爱、对观众的尊重、对生活的良好态度。主播在直播卖货中保持激情可以表现出较强的感染力，一开口就能吸引观众注意。如果主播无精打采，说话底气不足，缺乏自信，观众很容易产生感官疲劳，从而减少在直播间停留的时间。主播想要让观众留在直播间，保持激情非常重要。

（2）团队协作。在卖货直播过程中，虽然出镜的只有主播（少部分直播间也有助理出镜），但直播卖货的顺利开展离不开整个直播团队的协同配合。例如，助理对主播遗漏的信息进行补充，客服为咨询商品的顾客答疑，运营把控直播节奏，等。同时，人与物的配合也非常重要，如挂在背景墙的促销海报、摆放在桌子上的玩偶与工艺品、精心设计的货架等，都能起到为直播间增色的作用。

（3）为观众提供福利。为观众提供福利虽然会增加直播卖货的成本，但收益往往大于投入。通过为观众提供福利延长观众在直播间的停留时间，被快手乃至各个直播卖货平台广泛采用，尤其是分时段抽奖、发红包、送代金券等玩法，对延长观众在直播间的停留时间非常有效。

◆留存和复购

将粉丝留在直播间后，主播要用什么方法实现留存与复购呢？具体来看，主播在快手直播卖货可以采用以下几种技巧实现留存与复购（见图6–4）：

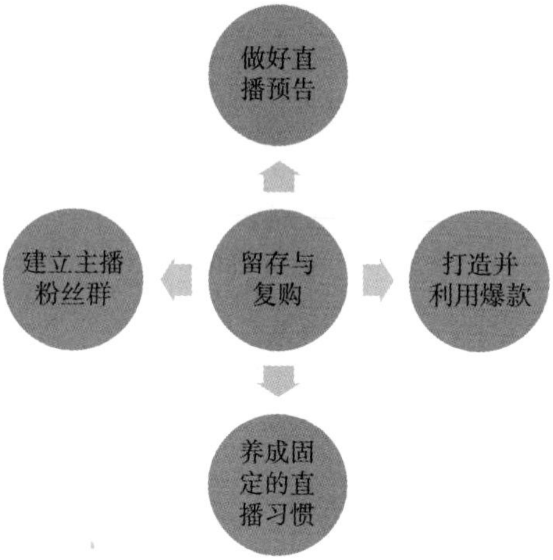

图6-4　留存与复购的4大技巧

（1）做好直播预告。主播要在直播间将下一场直播要销售的商品、推出的福利活动告知观众，让观众对下一场直播产生期待，吸引主播前来观看，购买他们感兴趣的商品。

（2）打造并利用爆款。主播及其团队可以筛选几件性价比较高的商品，通过各种促销手段提高这些商品的销量，打造爆款。之后可以通过定期销售爆款提高直播间人气与产品的整体销量，培养观众的观看习惯，将部分观众转化为忠实粉丝。

（3）养成固定的直播习惯。主播养成固定的直播习惯不仅有利于直播卖货，还能培养粉丝在固定时间观看直播的习惯。直播习惯不仅局限于直播时间、直播时长，还包括特定的直播行为，如主播与粉丝打招呼的方式、主播每次直播时抽取几位粉丝连麦互动等，这些习惯会让观众对主播产生信任感、依赖感。

（4）建立主播粉丝群。快手直播间内的流量受平台控制，主播想要摆脱对平台的依赖，将流量转化为自己的忠实粉丝，需要建立粉丝群。主播粉丝群要安排专人负责管理，维护粉丝群秩序，提高粉丝群活跃度，引导粉丝进行二次购买。

Tips：直播带货的6大技巧

灵活运用直播营销技巧可以让直播卖货取得事半功倍的效果，通过对辛巴、娃娃、散打哥等快手直播卖货达人的直播卖货案例进行分析，可以总结出以下几个实用的直播营销技巧，如图6-5所示。

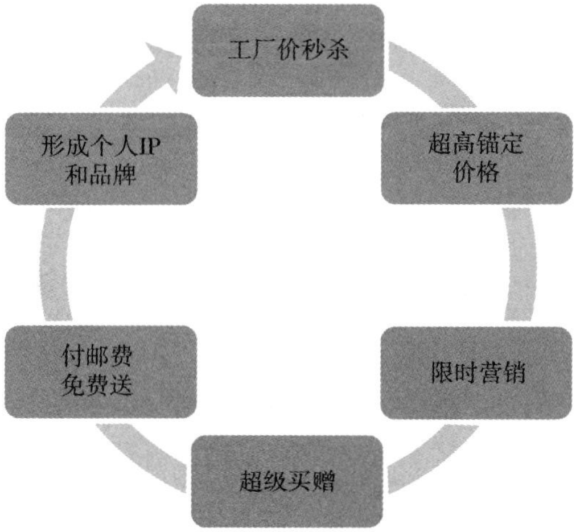

图6-5　直播带货的6大技巧

◆技巧1：工厂价秒杀

在商品流通过程中，中间环节的增加会提高商品成本，这些成本最终要转嫁到消费者身上。很多商品出厂价很低，但因为中间环节的存在，使得售价很高。这种模式对生产者和消费者都非常不利。如果能让消费者和工厂直接对接，工厂生产完商品后直接让物流公司为消费者送货，可以从根本上解决这一问题。

工厂秒杀价就是利用工厂直接为消费者供货带来的价格优势，让消费者在直播间买到优质低价的源头好货。当然，这需要主播团队找到合适的工厂，确保工厂具备稳定的供货能力。

◆技巧2：超高锚定价格

设置超高锚定价格是为了让该价格与直播间的商品售价形成强烈对比，让观众感受到后者的优惠力度。在各种促销活动中，我们经常可以看到商家打出“原价××元，今天购买只需要××元”的旗号，使得很多原本不打算购买的消费者纷纷选择购买。所以，主播在直播卖货时可以利用超高锚定价格原理，通过商品售价和锚定价格的巨大反差给观众造成强烈冲击，有效促进下单转化。

◆技巧3：限时营销

限时销售对促进直播卖货转化也有较好的效果，例如，主播在直播时可以表示：“这款商品惊爆价××元仅销售5分钟，感兴趣的朋友抓紧下单，错过就没有了。”在这种情况下，很多观众会冲动下单。

◆技巧4：超级买赠

购物获得赠品会让人们感到惊喜，虽然有些赠品本身价值不高，但在提高购物体验方面的效果非常好。超级买赠便是利用赠品给人们带来的惊喜感，让观众产生物超所值的感觉，从而下单购买。例如，主播卖吹风机时，可以赠送观众牙膏、牙刷、吊坠、手串、充电宝等赠品，让观众下单买一件商品就能收到多款实用物品。

◆技巧5：付邮费免费送

不用付出什么成本就能获得的免费商品，对直播间观众极具诱惑力。当然，这种免费不是完全意义上的免费，毕竟商品也需要一定的成本，完全免费送给观众会让主播蒙受经济损失，与直播卖货的初衷不符。为了确保有一定的利润，主播可以采用付邮费免费送的方式，将商品免费送给观众，但观众要承担一定的邮费，例如，收取邮费10元、偏远地方收费15元。

对于观众来说，花10元或15元在其他地方可能买不到这种商品，而且主播免费送商品，自己承担邮费也是合情合理，可以吸引很多观众下单购买。如果订单量大，主播可以找快递公司争取协议价，这样每笔订单收10元或15元的邮费，主播不仅不会亏损，还能获得一部分收益。

◆技巧6：形成个人IP和品牌

上面提到的直播营销技巧属于基础性技巧，操作门槛低，见效快，几乎所有卖货主播都能采用。高级的直播营销技巧属于进阶型技巧，操作门槛高，见效慢，但效果突出。在诸多高级直播营销技巧中，建立个人IP与品牌无疑是最常用的技巧，例如，李佳琦打造了个人品牌2+7、薇娅打造了个人品牌四季日记等。

有了个人IP与品牌后，主播个人就能成为最好的背书，他们只需要在直播间简单介绍就会有忠实粉丝下单购买。当然，这对主播及其团队的IP与品牌运营能力也提出了极高的要求。

第 7 章

直播后：数据复盘与反思

4大维度：多角度拆解与运营

随着越来越多的主播及商家尝试直播卖货，主播及其团队面临的竞争也越发激烈。从直播运营角度看，卖货直播结束并不意味着运营结束，主播及其团队还需要做好直播复盘与反思，及时找到直播卖货过程中的优缺点。对于优点，下次直播时要继续放大；对于缺点，则要积极改进，这样才能让整个直播团队不断发展壮大。

大数据等技术的发展，为直播团队运营人员做好直播结束后的复盘反思提供了有效工具，使运营人员通过数据分析开展精细化运营有了实现的可能。具体来看，在直播结束后的复盘反思阶段，基于数据分析，运营人员可以从以下几个方面提高运营水平。

◆流量运营：优化渠道拓展方式

对于快手直播卖货来说，流量运营的关键点是破解直播间流量来源问题。在流量运营过程中时，运营人员不能只简单地关注PV（Page View，直播间页面访问量）与UV（Unique Visitor，直播间独立访客量）指标，而是要建立一套完善的流量指标体系。具体来看，流量运营需要做好3大工作，如图7–1所示。

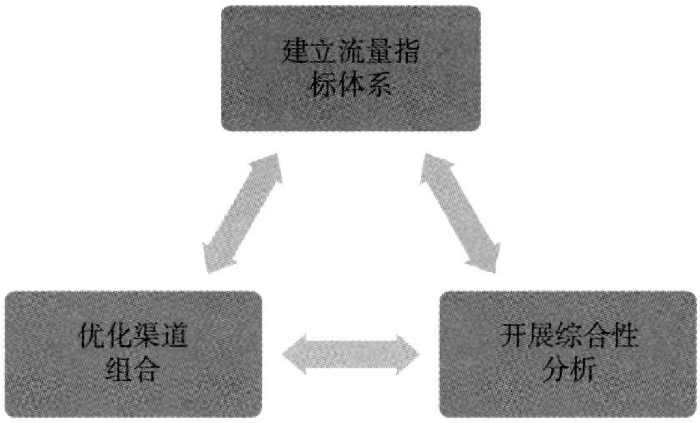

图7–1 流量运营的3大内容

（1）建立流量指标体系。优秀的运营人员每天都会对直播间的流量进行分析，通过分析流量数据掌握各项流量指标及其变化趋势，对下一场直播的流量进行预测。流量指标体系包括量级指标、基本质量指标、来访用户类型占比指标等。分析量级指标时，运营人员需要分析PV、UV；分析基本质量指标时，运营人员要分析用户停留时长、弹幕量、客单价等；分析来访用户类型占比指标时，运营人员要分析新老观众占比、各年龄观众占比、观众性别占比等，如图7–2所示。

（2）开展综合性分析。运营人员做直播间流量分析时，可以对流量来源与流量入口进行综合分析。在流量来源方面，直播间流量可能来源于主播粉丝群、社交媒体、网站链接或二维码等；在流量入口方面，直播间流量入口涉及关注、搜索、同城、直播广场等多项内容。

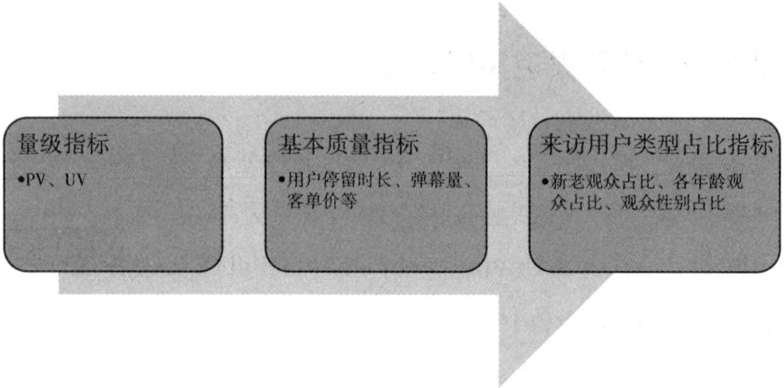

图7-2　流量指标体系

（3）优化渠道组合。完成上述分析后，运营人员要有针对性地对流量渠道组合进行优化。对于成本较低、质量较高的流量渠道，运营人员要加大运营力度；对于成本较高、质量较高的流量渠道，运营人员要分析其性价比，尝试降低运营成本；对于成本较高、质量较低的渠道，运营人员可以考虑是否放弃该渠道；对于成本较低、质量较低的渠道，运营人员要尝试提高渠道质量等。

◆用户运营：提高粉丝留存

用户运营的重点是帮助主播更好地培养与维护粉丝。例如，在培养粉丝方面，运营人员可以根据观众的行为对其进行分类，对不同类型的观众开展差异化运营，为主播沉淀忠实粉丝；在维护粉丝方面，运营人员要思考如何增加粉丝与主播的互动、如何进行话题引导、如何开展粉丝活动等。

◆产品运营：增加用户购物体验

产品运营是一个非常宽泛的概念，此处的产品运营特指对用户购买的商品的运营。产品运营增强用户购物体验的两种方式如图7-3所示。

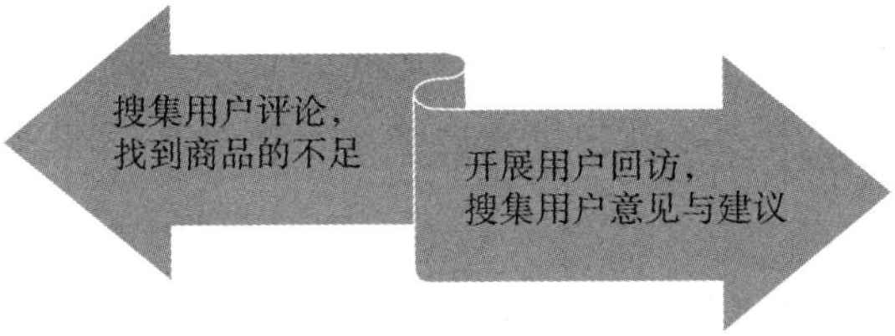

图7-3 产品运营增强用户购物体验的两种方式

（1）搜集用户评论，找到商品的不足。每一款商品都不是完美的，尤其是在强调低价的快手直播卖货场景中。有些商品的不足花费很小的成本就能改善，如在商品说明书里增加几行文字；有些商品的不足改善成本过高，运营人员可以忽略。

（2）开展用户回访，搜集用户意见与建议。用户回访可以通过电话进行，或者向用户发放调查问卷。用户回访的重点是搜集用户对商品的反馈意见与建议，为下一场直播卖货选品提供参考与借鉴。当然，对于提供了建设性意见与建议的用户，运营人员应该向其表示感谢，如赠送礼品、提供代金券等。

◆内容运营：改善用户的观看体验

内容运营的重点是优化直播内容，为观众创造更好的观看体验。在直播卖货场景中，直播内容偏商业性，但这并不意味着主播就要做硬性推广。因为做硬性推广的主播就像实体门店里喋喋不休的售货员一样，很容易让观众产生主播唯利是图，一心只想谋利的认知，进而抵触主播及其推荐的商品。为了避免这种情况发生，运营人员要思考如何避免硬性推广，用合适的话术、推荐方式等引导观众购买。

4大流程：系统化梳理与分析

分析直播数据是直播复盘中的一项重要工作，但直播数据非常繁杂。下面，我们对直播数据分析流程进行系统梳理，以为直播团队分析直播数据提供有效指导与帮助。具体来看，直播数据分析需要经过以下4大流程，如图7–4所示。

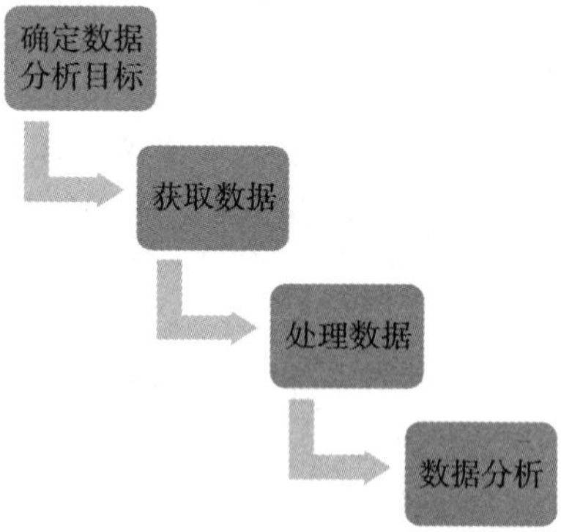

图7–4　直播数据分析的4大流程

◆确定数据分析目标

在直播复盘反思环节，运营人员进行直播数据分析的目的如下：

（1）分析直播数据出现波动的原因。需要指出的是，直播数据波动既包括直播数据下滑，又包括直播数据上升。分析直播数据下滑相当于找不足，分析直播数据上升相当于找优势。无论改善不足，还是扩大优势，都可以帮助直播团队提高直播卖货效果。

（2）为制定直播卖货方案及脚本提供指导。直播卖货方案及脚本的制定不能单凭策划人员的想象，而是要有明确的依据，直播数据分析结果就是一项重要依据。

（3）建立数据模型，预测直播卖货趋势，打造爆品。

◆获取数据

快手直播卖货的数据主要来源于快手官方数据、第三方平台数据以及直播团队统计数据（如通过回放直播视频统计数据）等。

◆处理数据

收集完直播数据后，运营人员要对数据进行处理。因为直播数据来源较多，数据格式不一，数据真实性与时效性有待验证，所以，运营人员对数据进行处理很有必要。在处理直播数据时，运营人员要分清重点，将时间与精力投放到重要数据上。通常而言，重点数据主要包括直播时长、直播弹幕量、商品点击量、粉丝占比、总观看人次与各单位时间观看人次、最高在线人数、平均停留时长、新增粉丝量、订单量、成交额、转化率、粉丝回访量等。

对于观看人次，有些运营人员将其错误地理解为单位时间平均观看人次，而非各单位时间的观看人次。下面我们用一个案例说明这两种数据之间的差异。

假设某快手主播直播带货2小时，平均每天总观看人次为4万，以每30分钟为单位，该主播单位时间的平均观看人次为1万。但某天该主播的总观看人次提高至6万，此时其单位时间的平均观看人次提升到了1.5万。得出这项数据后，运营人员可能会很兴奋，告诉主播这项数据涨了50%，并鼓励他再接再厉。至于这个数据为什么涨了？运营人员并没有找到答案。

但如果关注的是各单位时间的观看人次，即前30分钟的观看人次、30~60分钟的观看人次、60~90分钟的观看人次、90~120分钟的观看人次，就很容易找到答案。通过对各单位时间的观看人次进行统计分析后发现这四个单位时间的观看人次分别为2.6万、1.7万、0.9万、0.8万，发现新增观看人次集中在前60分钟，接着就可以对前60分钟的直播录像进行分析，找出观看人次增加的具体原因。

◆数据分析

分析直播数据时，运营人员可以使用表7–1所示的三种方法。

表7–1 直播数据分析的三种方法

数据分析方法	具体操作
对比分析法	对比分析法就是通过对比不同时间、不同场次的直播数据，来发现数据的波动，进而分析其波动原因。以新增粉丝量数据为例，一位新人主播每日新增粉丝量为50~100个，但某天新增粉丝量突然增加到了500个，此时，运营人员便要对这项数据进行分析，找出粉丝量突然大幅度增加的具体原因，然后思考这种粉丝量的增加是否具备可持续性，如果有，又该用什么方法实现等
曲线分析法	曲线分析法的优势是可以直观地体现出数据的走势。运营人员运用曲线分析法分析数据时，可以选择几个关联性较强的数据（如平均停留时长、直播弹幕量、商品点击量）进行同时分析，从而得到更多有价值的分析结果
特殊事件法	特殊事件法是指专门针对直播特殊情况时的数据进行分析，如临时调整直播时间时，直播数据有哪些变化；更改直播标签时，直播数据有哪些变化；临时增加一款商品时，直播数据有哪些变化等。通过对这些特殊情况时的直播数据进行分析，运营人员有时可以发现一些推动直播间流量与转化率提升的实用技巧

5大技巧：针对性评估与优化

每场直播卖货结束后，运营人员都要在第一时间进行复盘总结，找出其中的优点与不足，然后有针对性地制定优化策略。下面分享一些直播数据复盘中的实用技巧，为相关从业者提供参考与借鉴（见图7–5）。

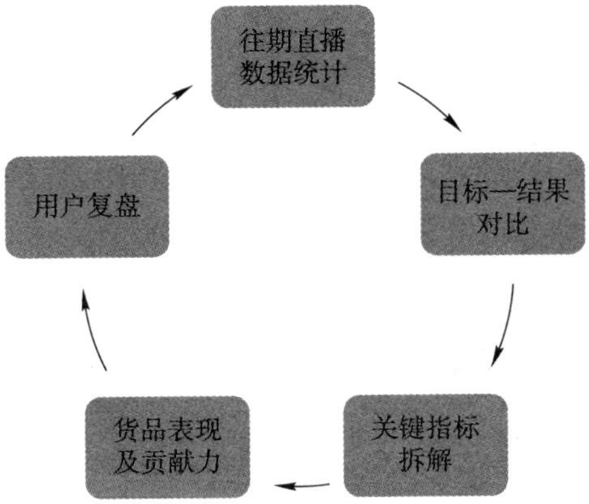

图7-5 直播数据复盘的5大技巧

◆往期直播数据统计

直播数据复盘不能局限于本场直播数据，而是要将该数据与往期直播数据进行对比，这样才能找出哪些地方有进步，哪些地方出现下滑。统计往期直播数据时，运营人员要多统计一些数据，避免因样本数据不足导致分析结果出现较大误差。

◆目标—结果对比

如何评估一场活动的质量呢？最简单的方法就是判断该活动是否达到了预期目标。对于直播卖货来说，直播最主要的目标就是具体的成交额。直播成交额的计算公式为：成交额=流量×转化率×客单价。这些指标直接影响直播目标的达成，因此，我们可以将其归属于关键指标。当然，除成交额外，直播卖货可能存在一些次要目标，如清理库存、上新等。判断这些目标是否达成，就要对老商品的售罄率、新品销售占比等指标进行分析。

◆关键指标拆解

为了确保数据分析的有效性、精准性，运营人员还要对流量、客单价及转化率等关键指标进行拆解。

（1）流量。

流量的重要性对直播卖货不言而喻，为了确保达成直播目标，商家与直播团队要在引流方面投入足够的资源。对流量数据进行复盘时，运营人员要对付费渠道与免费渠道的流量分别进行统计，并统计各个流量高峰的时间节点与成交额。通过这些分析，运营人员可以解决以下问题：

★本场直播卖货使用了哪些渠道进行引流？

★各渠道引流具体采用了什么形式？

★各渠道引流投入了多少成本？

★各渠道带来了多少流量？

★各渠道引流效果如何？

（2）客单价。

影响客单价的主要因素包括价格、促销活动形式与力度、关联商品组合设计等。在对直播卖货的客单价数据进行分析时，运营人员要将本场直播卖货的客单价数据与往期类似情况下的直播卖货客单价数据进行对比，从而判断出要在哪些方面进行改善。

（3）转化率。

对直播转化率数据进行复盘时，运营人员可以从以下几个方面进行：

★分析各引流渠道的转化率数据。

★分析客服咨询的转化率数据。

★分析粉丝的转化率数据。

★分析游客的转化率数据。

◆货品表现及贡献力

为确保可以按时发货，直播团队要在直播卖货前做好备货工作，活动结束后，人气高的商品可能全部卖出，人气低的商品可能出现压货。因此，运营人员要在直播结束后开展货物盘点，分析各个商品的销售表现，即销售量、订单量及成交额。

然后根据不同商品的销售表现，制定后续策略，对于高销量的爆款商品，运营人员应该分析为什么成为爆款，将原因记录下来，为下次选品提供参考与借鉴；对于低销量的滞销商品，运营人员要分析为什么出现积压，怎样处理积压商品，如推出促销活动、捆绑销售、作为活动赠品等。

◆用户复盘

直播卖货用户数据复盘的三项指标如表7–2所示。

表7–2 用户数据复盘的三项指标

用户数据复盘指标	具体内容
新客下单分析	运营人员需要分析的数据主要包括新下单顾客人数、新客占比、新客成交额、新客成交额占比、新客客单价等
老客复购分析	运营人员需要分析的数据包括下单老客人数、老客占比、老客成交额、老客成交额占比、老客客单价、老客复购率等
沟通效果分析	在直播卖货过程中，直播团队可以选择多种渠道与顾客沟通，来迎合后者差异化的沟通习惯，如直播间私信、客服电话、粉丝群等。而不同渠道的沟通效果有所不同，因此，运营人员要对不同渠道的沟通效果进行分析，找出转化率更高的沟通渠道，从而对下次直播卖货的沟通渠道组合进行优化

Part 3

电商变现篇

第 8 章

整装升级：快手电商的进阶之战

用户分析：掘金快手电商的营销价值

哪里有流量，哪里就有营销，作为目前最受网民欢迎的一种内容形式，短视频营销得到了广大企业与品牌商的一致青睐，如何掘金快手电商的营销价值成为营销行业从业者亟待解决的问题。在对快手平台的现状及发展趋势进行深入分析后可以发现，快手电商的营销价值主要源于以下几点：

（1）以年轻用户为核心，中老年群体加速渗透。

快手公开数据显示，快手日活跃用户量已突破2亿人次，人均每日使用时长超过70分钟，快手已经成为一个现象级的社交媒体平台。在用户性别方面，快手平台的男性用户与女性用户占比分别为51%、49%，这与我国互联网用户性别比例基本一致，如图8–1所示。

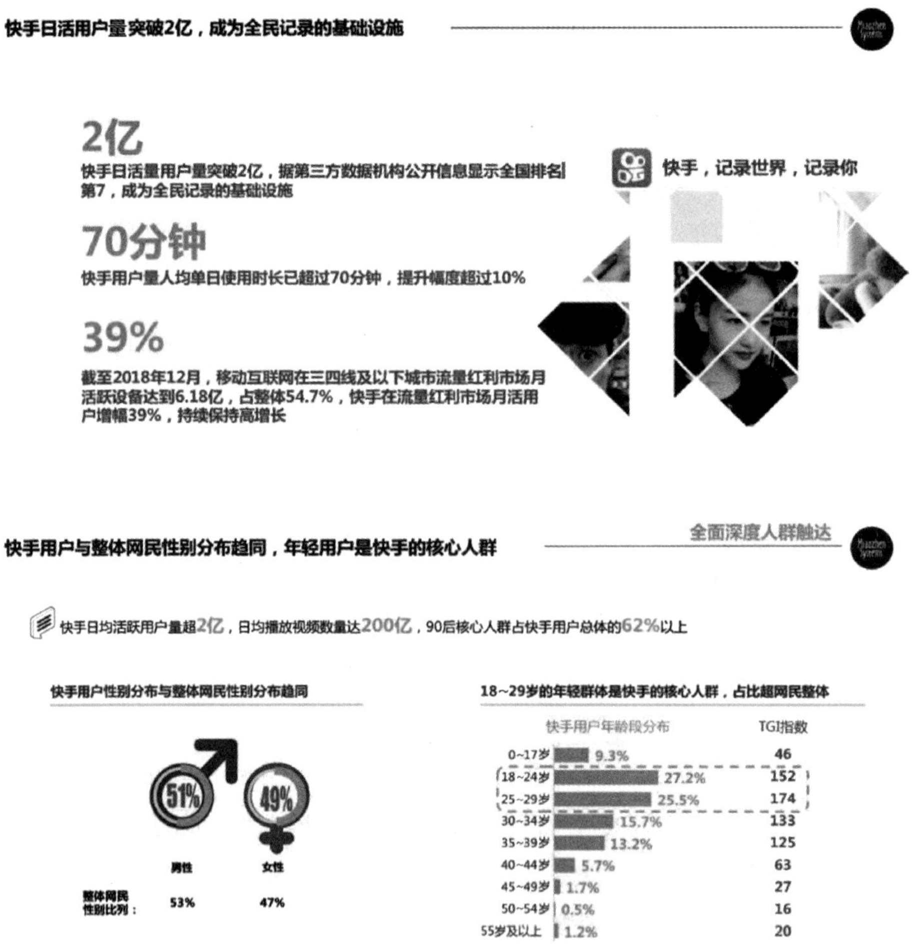

图8–1 快手用户分析

在年龄方面，快手核心用户为“90后”，在整体用户中占比超过了62%。40岁以上的中老年用户稳定增长。2018年12月，中老年用户占比为2.7%，2019年5月，该数字提升到了9.1%，如图8–2所示。

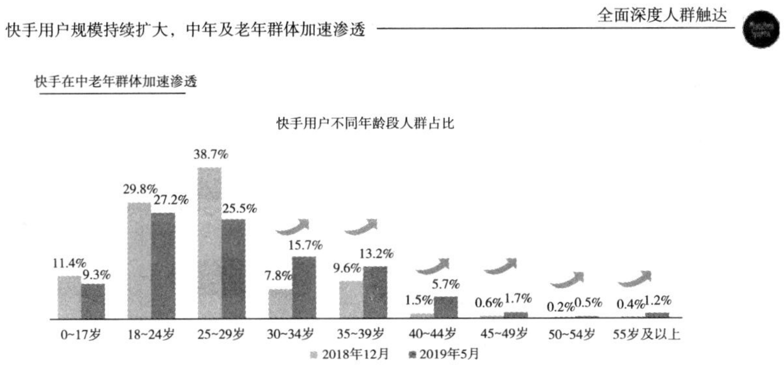

图8-2 快手用户年龄分析

在地域方面，快手主流用户主要位于二三四线城市及以下，河北、辽宁、山西、云南、甘肃、黑龙江、内蒙古等属于“快手用户大省”，如图8-3所示。

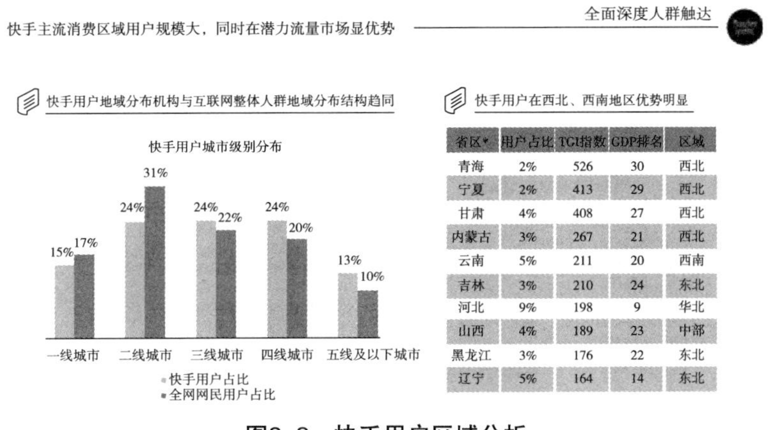

省区*	用户占比	TGI指数	GDP排名	区域
青海	2%	526	30	西北
宁夏	2%	413	29	西北
甘肃	4%	408	27	西北
内蒙古	3%	267	21	西北
云南	5%	211	20	西南
吉林	3%	210	24	东北
河北	9%	198	9	华北
山西	4%	189	23	中部
黑龙江	3%	176	22	东北
辽宁	5%	164	14	东北

图8-3 快手用户区域分析

注：*代表按省区TGI由高到低分布。

（2）互动性强，消费需求旺盛。

快手用户互动性较高，91%的用户观看短视频时会做出点赞、评论等互动行为，每日与购物相关的评论有190万条；47%的用户会通过在评论区互动进一步了解自己感兴趣的商品的信息；60%的用户会根据评论区的评论内容制定消费决策，如图8-4所示。在消费偏好方面，快手用户更加关注食品、饮料、3C产品、汽车、护肤、美妆等产品，如图8-5所示。

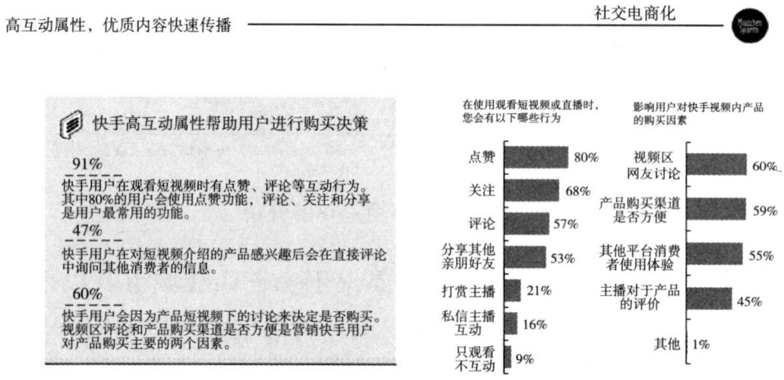

图8-4　快手用户的互动性分析

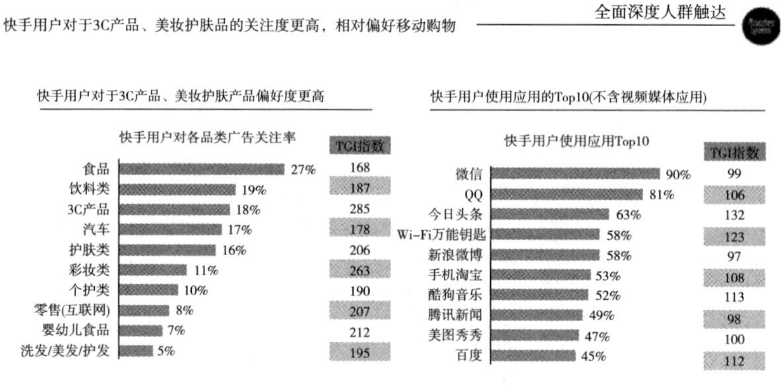

图8-5　快手用户的产品偏好

不同性别的用户关注的商品品类有所差异，如女性用户对美妆护肤类产品比较感兴趣，男性用户对汽车、游戏等产品比较感兴趣。另外，对于汽车这种价格较高的商品，人们的消费意愿很大程度上受经济实力影响。因此，在快手用户中，关注汽车的用户主要分布在一二线城市，年龄主要分布在23～35岁。

（3）粉丝经济掀起带货热潮。

快手平台的电商卖家主要有两类：一是规模小、分散程度高的个体户，产品主要是农产品与手工艺品；二是货源充足且价格低的商户，产品主要是化妆品及生活日用品。

受推荐算法影响，快手平台中腰部达人能够获得可观的曝光量，这就为电商卖家低成本营销卖货带来了诸多便利。

近两年，快手进一步加快自身的商业化进程，通过快接单、快享计划、快手小店等应用推动快手达人与商家合作，吸引了很多电商卖家入驻。这些卖家积极与快手达人合作卖货，获得了非常丰厚的利润。

此前，快手平台上活跃着很多微商，而微商销售的产品价格较低，与快手主流用户的消费偏好较为一致。在这种情况下，早期快手平台上的电商产品主要是面膜、T恤、牙膏等贴牌生产、毛利润很高的产品，商家及其背后的供应商获得了高额利润。但由于产品质量存在问题，一段时间之后，抱怨商家诚信问题的声音越来越多。

为改善这种情况，快手出台了电商计划，引进淘宝、京东、有赞、拼多多等电商平台，为用户带来了品质及售后都有保障的低价好货。商家开通快手小店后，可以在小店后端设置产品展现位置（评论区、短视频、橱窗等）、查询订单、分析顾客行为、分析店铺数据等，不断优化产品结构，调整营销策略。快手通过这一系列做法逐渐改善了用户对平台的印象。

同时，为了进一步赋能商家，快手引进了红人电商服务商如涵、网红猫、卡美啦、金镝互动，为平台达人及电商卖家提供有效指导与帮助。

“麦田计划”：助推社交电商新模式

2018年底快手电商发布“麦田计划”，对未来发展方向进行了明确，即新国货、新农商、新公益、新娱乐、新匠人、新课堂。该计划依托“内容+社交”，推动快手电商与其他生态融合发展，从“人”“货”“场”三大维度赋能商家。

◆完善基础设施，推出快手小店和服务市场

快手是一个真实记录每个人生活的新媒体平台，在该平台，人们存在获取商业信息与进行商业交易的需求。在展示优质商品的短视频作品的评论区，很多用户留言“买过的老铁说说好用不”“适合××岁的人用吗”“到哪里去买”等。

为打通信息展示到下单购买的电商链路，快手对“快手小店”及“电商服务市场”进行持续优化与完善。目前，用户可以边看直播边在快手小店购买商品、查询订单信息等，这种更人性化、更便捷的购物体验可以进一步刺激用户的下单欲望。

如果说快手通过与淘宝、有赞、无敌掌柜等第三方电商平台合作，打通了快手短视频/直播到站外电商平台的通路，那么快手小店则打通了站内直接购买的通路。

快手小店支持用户在个人主页自由设置常驻展示商品。快手达人直播时，如果有用户在快手小店购买了其推荐的商品，商品信息将显示在评论区，使商品获得更多的曝光机会。同时，快手达人还可以在直播中向观众主动推荐爆款商品。此外，快手达人登录快手账号后，可以查询快手小店中消费者的购买行为、购买频次等信息，通过更有针对性的营销策略刺激消费者二次购买。

不仅快手小店，“电商服务市场”同样可以为达人及商家赋能。部分达人与商家在电商运营、供应链、售后服务等方面存在较大短板，而“电商服务市场”可以帮助他们打通供应链，为其提供电商销售技能支持。

◆“社交+内容”，重构快手电商“人”“货”“场”

从用户角度看，符合其需求与消费习惯的商品推荐，更容易刺激其产生购买冲动。所以，快手电商不仅要向用户呈现商品，更要考虑如何在合适的时间、合适的场景以合适的方式呈现商品。

“老铁双击666”在人们心中留下了深刻印象，这种富有特色的熟人社交帮助快手建立了一个强大的社交生态内容社区，为快手走向“社交+内容”的电商之路提供了强有力的支持。

快手电商重构零售“人”“货”“场”。在快手电商模式中，消费者可以在快手评论区或通过直播间弹幕进行沟通分享，导购员变成了接地气的主播，场景则变成了好玩有趣的原生态、特色化场景。例如，达人可以对农产品加工的整个过程进行直播，从跟随农户在田间采摘到收购人员在收购站点采购，从工厂加工到配送至商超、卖场等，整个过程都可以清晰地展现在直播间观众眼前。让观众不仅可以买到绿色安全的农产品，还能品味新奇有趣的直播内容，获得温暖的、打动人心的购物体验，主动在社交圈进行口碑推荐，为商家及达人创造巨大的价值。

“靠谱好货”：创造电商转化新高峰

2019年8月，快手推出了一个为期三天的“靠谱好货节”活动。在这场活动中，快手小店内正在销售的商品，如果产品销量与消费者评分符合条件，卖家可向平台申请“靠谱货”标签。商品有了该标签后，相当于通过了快手的官方认证，即质量高、服务好、快手消费者满意度高，可以吸引更多消费者点击购买。

快手举办该活动的原因有两点：第一，快手想为消费者推荐优质好货；第二，体现了快手严格打击假冒伪劣商品、营造良好电商经营环境的决心。快手官方数据显示，此次活动累计销售额超过了1亿元，相关短视频播放量突破2亿人次，与普通商品相比，带有“靠谱货”标签的商品下单转化率提高了100%以上。

目前，“靠谱货”已经被列入快手电商的长期项目清单，预计每月举办一次。目前，很多电商平台推出的购物节活动往往都是以降价促销为目的，通常一年举办一次。快手电商“靠谱货”的这种新奇打法究竟有何用意？会对网红、品牌商、卖家等电商玩家产生什么影响呢？

◆快手“靠谱货”体系建立

近几年，短视频电商虽然发展势头非常强劲，但其规范性有待提升，如商品质量不稳定、售后服务缺失，甚至出现假冒伪劣商品等，这些问题给短视频平台的电商变现造成了诸多困扰。为解决这些问题，快手电商希望借“靠谱货”活动开创短视频电商新局面，通过搭建“靠谱货”体系赋能短视频电商玩家，实现供给方、需求方、平台方等多方合作共赢。

快手作为一个拥有强社交属性及浓厚乡土风情的短视频平台，用户在平台上的主要目的并非购物，所以不太适合使用淘宝、京东等电商平台的推荐机制，需要创造一个有保障、有温度的推荐机制。

快手电商举办的“靠谱好货节”活动，以官方认证的形式对靠谱卖家和商品进行标记，能够让用户感受到快手官方对他们的重视与尊重。

快手“靠谱货”体系建立了严格的认证标准，如对于快手商品，要求店铺动态评分≥4.6分，拥有相关资质（包括企业资质、品牌资质、行业资质等）、48小时包邮发货、5分钟客服回复率达90%。同时，该体系还能对每一个“靠谱货”商品货源进行追踪溯源，并通过算法模型定期查询商品信息，如果发现商品不符合认证标准就会立即撤销认证，并且永不进行二次认证。

在这场活动中，快手官方给靠谱卖家与商品的支持主要体现在以下两个方面（见图8-6）：

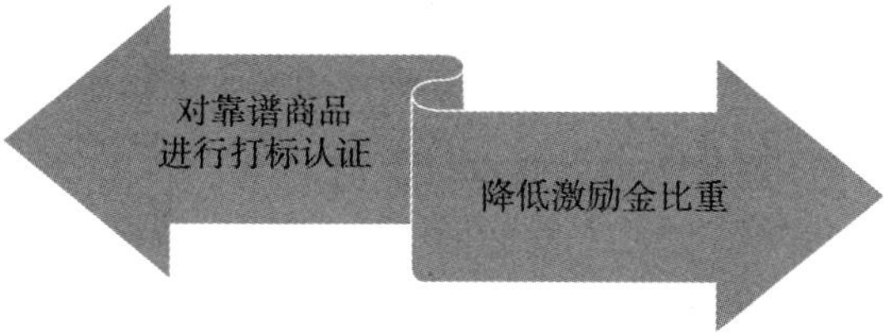

图8-6 快手官方赋能靠谱卖家与商品的两个维度

（1）对靠谱商品进行打标认证。在快手小店首页，消费者可以看到醒目的“靠谱”二字，有了这个标签，消费者会更加放心。

（2）降低激励金比重。在快手现行的卖家激励金计划中，卖家与顾客达成交易后，快手将抽取交易额的5%作为激励金，在次月根据用户评价决定返还数额。对于靠谱货，快手只抽取2%作为激励金，极大地降低了卖家的资金负担。

◆快手电商迈入“靠谱时代”

在社交媒体中，良好的社交关系是形成信任的重要基础。快手鼓励用户与达人交流互动，帮助双方建立信任，为短视频电商变现奠定了良好的基础。快手头部达人散打哥曾创下单日带货1.6亿元的骄人成绩，在淘宝联盟带货榜单中经常可以看到快手主播的身影，“老铁”强大的购买力正在逐步释放。

快手在加强平台社交关系方面的投入，为其拓展电商业务带来了先天优势。在短视频电商业务有序发展的同时，快手电商推出“靠谱好货节”活动并计划将其作为长期项目发展，既体现了快手积极承担社会责任，推动短视频电商产业建立规范化的交易秩序，让满足用户需求的靠谱好物与商家走上前台，又体现了快手对用户价值的高度重视，这将帮助快手获得网红、商家及用户更多的支持与信任。

从长期看，“靠谱好货节”只是快手电商在推动短视频电商规范化发展方面的一次尝试，未来，快手将会在这条路上越走越远。

"源头好货"：挖掘直播电商新增量

2019年10月，快手电商推出"源头好货"，并在快手购物节活动"1106卖货王"中以其为特色进行招商。源头好货物美价廉，在刺激用户下单购买方面具有巨大优势。这一点在辛巴、娃娃等快手达人在"1106卖货王"活动交出的卖货答卷中得到了充分体现。

辛巴与娃娃是快手平台两类卖货主播的典型代表，前者是类似薇娅、李佳琦般的红人卖货主播，他们借助个人魅力吸引大量粉丝，通过筛选优质低价商品带动交易；后者是商家主播，他们在供应链方面有明显优势，可以将原产地、产业带及大型批发市场的源头好货直供直播间。以源头好货为依托，这些网红与商家将成为直播电商中一支不容忽视的力量。

◆新增量涌出

快手的"老铁经济"吸引了社会各界的广泛关注，那么，"老铁经济"是如何创造的呢？创造"老铁经济"的一个很重要的因素就是"源头好货"。目前，很多电商平台都是通过流量、资金等资源扶持争取留住存量商家，快手却凭借掌握源头好货的网红与商家获得了新增量。

以河南镇平玉石卖家徐方涛（快手ID：玉匠人）为例，徐方涛14岁辍学后成为一名玉石雕刻学徒。快手平台崛起后，出于兴趣爱好，他将自己在玉石货源地的情况记录下来发布到快手平台。经过几年的积累，徐方涛收获了上百万喜欢玉石的忠实粉丝。

在快手第一届"见宝节"中，徐方涛以10天带货成交1500万元的成绩摘得"卖货王"桂冠。在"1106购物狂欢节"活动中，徐方涛仅用两天时间就使交易额突破了600万元。

在徐方涛等达人促成海量交易的背后，我们不禁要思考，这些商家为什么能够借助快手直播崛起呢？与传统电商相比，直播卖货具有明显优势，例如，呈现内容多元化，商家不仅可以向观众展示商品，还能展现真实的生活。同时，不同的平台有各自的特色，“老铁经济”就是快手的一大特色。其他直播平台上的社交关系通常是“观众—关注—粉丝”三层，而快手的社交关系可以做到“观众—关注—粉丝—老铁”四层，这种新型的社交关系为“老铁经济”的出现奠定了坚实的基础。

◆批发价直供

由于没有层层加价的渠道商，拥有源头好货的商家可以按照批发价销售商品，最大程度上让利消费者。虽然商品价格低，但大量消费者购买产生的规模经济也能为商家创造丰厚利润。例如，快手达人娃娃销售的商品大部分是其自主设计生产的，有43家工厂为其独家供货，这些源头工厂充分保障了其供应链的稳定性。

另外，在这种模式下，源头工厂还能直接获得消费者的反馈意见。在此之前，作为供货方的工厂与消费者之间存在很多中间商，除与知名品牌合作外，这些工厂很少能够获得消费者的反馈信息。而快手达人可以直接让源头工厂与消费者对接，消费者对材质、设计、工艺等方面的建议可以快速传递给工厂管理人员，在提高供给精准性、减少资源浪费的同时，还可以优化用户体验。

此外，源头好货还能帮助工厂解决库存积压问题。在传统零售模式中，工厂对市场变化反应迟钝，当终端需求发生改变时，很多工厂仍在生产不符合用户需求的产品，导致库存积压，对工厂盈利造成不良影响。但在快手达人的“源头好货+直播电商”模式中，工厂可以通过数据分析来判断未来一段时间的需求变化，甚至可以通过预售模式进行按需生产，从根本上解决库存积压问题。

针对上述优势，快手在“源头好货”中制定了“货源地，一件也是批发价”的策略。该策略是快手电商在运营探索中逐渐总结形成的，早在快手制定该策略之前，源头好货的商业价值就已经在快手中得到了充分体现。例如，云南德宏的一位快手用户上传的采野山蜂的短视频，不仅为其带来大量粉丝，还有力地推动了当地蜂蜜产业的发展。

随着源头好货的商业价值持续释放，将有更多优质低价商品涌现出来，生产者与消费者也将建立高效连接，为供给侧改革注入新动能。

◆源头货崛起

传统电商虽然在一定程度上拓展了原产地与产业带商家的发展空间，但也给他们造成了诸多困扰。举个例子，一款商品上新需要经过拍摄、修图、上架、信息录入、标题设置等多个环节，给不懂互联网的原产地与产业带商家造成了诸多不便。即便商家解决了商品上新问题，仍要学会运用各种营销工具，参加一系列营销活动，有时甚至要花费高额成本购买电商平台的增值服务。

从实际情况看，很多原产地与产业带商家对信息化工具运用的熟练度较低，微信、快手等普及率高、操作门槛低的产品是他们接触互联网的主要渠道。在传统电商模式中，普通人学会如何开通并运营网店非常困难。快手的直播电商为这些人提供了一个走到聚光灯下的机会，他们只需要将自己的生活记录下来就有机会获得大量用户的认可。

为帮助原产地与产业带商家，快手推出了多项措施，如简化产品功能、上线“闪电购”等便捷工具。传统电商平台围绕商品展示、下单购买等环节设计了很多功能，具有浓厚的交易色彩。快手直播电商通过主播与粉丝建立信任带动商品销售，主播将商品植入直播内容，消费者在享受直播内容的同时，可以很自然地产生消费冲动，做出下单购买行为。

同时，快手还积极布局原产地、产业带，在服装、美妆、食品、玉石、家居百货等货品源头打造直播基地，对卖家的品类与质量把控、售后服务等提供支持。目前，快手已经与浙江杭州、河南郑州、江苏常熟、河北沧州、辽宁佟二堡服装产业带以及云南瑞丽、广东四会、河南镇平、辽宁油岩、湖北十堰等玉石产业带建立了稳定的合作关系。

【案例】百雀羚&快手：国民品牌的短视频营销实战

2018年8月，国货老字号品牌百雀羚积极迎合市场发展趋势与消费习惯变化，联合短视频巨头快手举办了一场以“敢梦敢美”为主题的“百雀羚×快手造梦季”活动。这场活动凭借好玩有趣的内容、创新的打法大获成功，堪称护肤品牌短视频营销的典范。下面对这场活动进行系统分析，为读者提供参考与借鉴。

◆“敢梦敢美”戳中用户痛点，线上线下齐发力

此次活动于2018年8月1—7日举办，主要是引导用户通过拍摄及分享短视频来晒出自己的梦想。这场活动为什么要以“敢梦敢美”为主题呢？这是源于百雀羚对当下年轻人生活状态的洞察。面对生活压力，很多年轻人不是失去了梦想，而是失去了表达梦想的勇气，久而久之，便被外界打上了“甘于平凡，随遇而安”的标签。

很多人将生活当作不敢追梦的借口，但生活并非追梦的羁绊，而是实现梦想的舞台。因此，百雀羚选择了“记录每一种生活，展现百态人生”的快手，鼓励人们勇敢地表达自己的梦想。

不敢追梦的青春是枯燥无趣的，生活需要勇气，追梦更需要勇气。敢于表达梦想，才能打破生活的条条框框，做到不负青春。在此次活动中，百雀羚通过与快手联合为用户搭建表达梦想的平台，让每一个平凡的追梦人都能展现自己心中那个不平凡的梦。

因为切中了目标用户的心理诉求，所以活动刚上线便引发了大量关注，吸引了很多年轻用户以自己独特的方式表达梦想。最终，用户上传作品2000多个，累计播放量877万人次，点赞21万次。

此外，本次活动采取线上线下相结合的方式，线上利用快手强大的话题制造与传播能力引流推广，线下利用百雀羚实体门店开展场景营销，为活动达到预期目标提供了强有力的支持。

◆KOL搭建品牌情感纽带，场景化故事表达

百雀羚代言人坤音四子ONER以梦想守护者的身份助阵该活动，幸运用户被邀请参加百雀羚于8月16日在杭州举办的《百雀羚北纬30度天然大会》。与此同时，薛忠健、小越女、十三妹home、金毛轮胎等快手达人也为活动助阵，如图8-7所示。自带流量的明星达人，为此次活动带来了巨大曝光。

图8-7　快手达人助力“百雀羚×快手造梦季”活动

快手达人结合自身的风格调性为此次活动创作了短视频，如走搞笑风格的小越女创作了幽默搞笑的作品、主打唱歌的十三妹home通过改编歌词以唱歌的形式将活动主题表现出来等。达人粉丝也积极给予达人反馈，对达人分享的作品进行模仿、评论、分享。

利用粉丝对快手达人的信任，以及社交圈内人与人之间的信任，百雀羚建立了与用户互动交流的渠道。达人是短视频营销的重要推力，头部达人在平台上的影响力甚至超过了一线明星。显然，基于对达人信任的粉丝自传播行为，要比品牌商或者平台方的硬性推广更为有效，因为它更符合人们的认知习惯，能够在社交网络中形成一种信任传递。

快手达人充分发挥自身的专业内容生产能力进行原生内容创作，帮助百雀羚实现了“广告即内容，内容即广告”。这种以用户为中心的短视频电商“种草”使百雀羚更容易抢占用户心智，引发UGC二次传播，提高用户转化。

达人是粉丝的代言人，在其帮助下，品牌商可以缩短与用户的距离。同时，在活动过程中，达人将品牌信息巧妙植入短视频，极大地提高了用户与百雀羚互动的积极性，让用户对百雀羚形成了良好印象。

人们对广告有天然的抵触情绪，但创意植入不仅能有效解决该问题，还能给人们带来快乐与感动。在此次活动中，快手达人将百雀羚天然护肤的品牌理念融入短视频，打动了很多用户，促使百雀羚实现了裂变传播。

◆洞察用户需求，短视频玩出营销新姿态

从百雀羚的视角看，选择快手作为此次活动合作伙伴的一个主要原因是快手拥有庞大用户。作为国内短视频巨头之一，快手日活跃用户量达到了3亿，是不可多得的“流量洼地”。在平台运营管理过程中，快手通过完善规则、优化产品细节等方式对用户进行正向引导，将志同道合的人聚集在一起，放大个体声音，留下亿级活跃用户的同时，也为自身构建了强大的核心竞争力。

快手是去中心化的平台，不希望流量被少数几个头部达人占据。无论用户是什么职业、什么年龄、什么文化水平、什么收入水平等，都能在快手找到自己感兴趣的内容创作者，通过与之互动交流建立信任。一个人生命的结束不是从死亡开始，而是从被遗忘开始。因此，快手希望记录每一个人的生活，将人们日常生活中有纪念意义的瞬间保存下来。

记录真实生活的平台定位让快手在二三线城市及以下市场有极高的渗透率。同时，竖屏化的播放模式更加符合用户的观看习惯，很容易让用户产生沉浸感，增强品牌传播效果。

在快手看来，在自媒体时代，每个人都是内容生产者与传播者，每个人都能通过社交媒体记录自身的生活状态，分享自己的生活方式与价值观，让自己获得他人的关注，得到他人的理解与支持，并收获更多幸福感、荣誉感、自豪感等，这些也是百雀羚希望通过此次活动传递给广大用户的。可以说，正是百雀羚与快手在理念上的契合，让这场活动产生了事半功倍的效果。

快手坚持用简单、平等、普惠的原则实现全民记录。快手达人基本都是草根出身，多年来的生活经历让他们愿意与普通用户交流互动，分享内心的真实想法。这与和粉丝刻意保持距离的明星形成了强烈对比，粉丝自然也更愿意亲近快手达人，通过观看短视频、赠送虚拟礼物、购买其推荐的商品等方式给予积极反馈。

在“百雀羚×快手造梦季”活动中，百雀羚与快手为广大用户提供了表达自身梦想的机会，让人们倾听自己内心的声音，活出真实的自我。每个人都有梦想，都希望自己的逐梦之路得到认可与尊重，但前提是要敢于表达梦想。但在日常生活中，很多人因为各种因素不敢表达自己的梦想。

百雀羚考虑到用户的这种心理特征，联合快手推出了此次造梦活动。与线下面对面表达不同，在快手以短视频的形式表达梦想可以减轻人们的压力。因为线上大部分人都是陌生人，不用担心自己的梦想被人嘲笑。与此同时，百雀羚借助快手达人创作的示范性短视频，引导用户通过唱歌、跳舞、讲故事等好玩有趣的方式表达梦想，极大地增强了活动的趣味性。

现阶段，传统品牌王婆卖瓜式的营销模式已经很难产生预期效果。在短视频时代，每天刷快手已经成为很多人的生活习惯。在这种背景下，利用快手做短视频营销已经成为品牌营销的一种主流模式。百雀羚联合快手做短视频营销，利用极具参与感、体验感的造梦活动吸引用户积极参与，主动为品牌发声，借助用户的力量实现病毒式营销。

第9章

圈层经济：开拓垂直电商新蓝海

熟人社交：圈层经济的核心思维

互联网时代的经济也是圈子经济。“老铁”是圈子形成的基础，自带强大的话题效应，为快手构筑了强大的竞争门槛。各个领域的“老铁”在快手上形成了丰富多元的圈层，有老铁的地方，自然不缺流量与生意。

“老铁”中的“老”字代表熟人关系，“铁”字代表信任关系。虽然快手让“老铁”成为一个全网热词，但“老铁”的身影并不局限于快手，在B站中为同一个UP主积极投币的小伙伴也是“老铁”。

如何解决短视频产品的商业化问题呢？快手的发展经历给了我们一个启示，即围绕各个领域的“老铁”建立涵盖用户、平台、商家等群体的圈层经济，“老铁”的态度、行为等是圈层经济的核心。

◆圈层的态度追求

和图文内容产业相比，短视频产业对用户和平台之间的契合度提出了更高的要求。视频通过画面与声音传播内容的特性，决定了它在单位时间内更容易对用户产生强烈的冲击。很多快手短视频甚至会让用户产生与创作者面对面交流的感觉。

快手正是借助这些极具沉浸感、交互性的短视频作品，让兴趣爱好相同的用户形成了“老铁”关系，也让广告、电商、直播等变现模式有了落地的可能。在商业化探索的过程中，作为平台方的快手更多地扮演的是赋能者的角色，如赋能用户、赋能商家、赋能MCN机构等。只有输出足够的价值，才能获得相应的回报。因此，快手在未来商业化探索的过程中必须服务好用户，让“老铁”获得良好的产品体验，提高其黏性与忠诚度。

◆圈层经济3要素

圈层经济的基本要素包括用户、平台及商家，如图9-1所示。在圈层结构方面，平台和商家是外环，用户是核心内环。

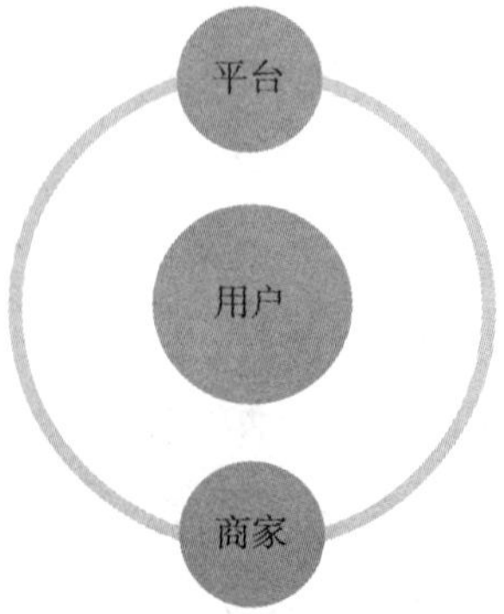

图9-1　圈层经济3要素

核心内环的用户主要是平台的内容创作者与忠实粉丝，在外环的用户有着较为模糊的标签属性，他们不是快手上普遍存在的小镇居民，也不能简单地用亚文化群体进行概括。

以从“流浪大师”成为“流量大师”的沈巍为例，人们对城市里衣着褴褛的流浪者往往印象不佳，但沈巍的文化水平、生活理念让很多人自愧不如。作为一名快手内容创作者，追求利益不是沈巍的主要目的，拍摄短视频更多的是出于兴趣。

快手短视频低生产门槛、高传播效率的特性，使有个性、有态度、追求某种价值观的人能够快速脱颖而出。在海量用户的支持下，快手达人逐渐成为各个领域的带货达人。

随着经济快速发展、社会不断进步，人们的消费观念发生了重大改变。在制定消费决策时，人们会充分考虑生活方式、品牌文化与价值观等各种因素。在这种背景下，有个性、有态度、追求某种价值观的快手达人成为快手用户心目中的意见领袖，后者信任他们，也信任他们推荐的商品。

从2011年创建至今，快手用近十年的时间从一个工具型应用成长为国内短视频巨头，在这个过程中，快手从来不缺质疑者。但无论什么质疑都没能阻碍快手的发展。

这是因为表达是人的本能诉求，高压的城市生活让很多人感到窒息，为生活奔忙的人们在现实生活中很难获得足够的表达空间。而快手上记录的、没有经过任何修饰的内心深处最自然的表达，很容易触动人们内心最柔软的部分，引发人们的情感共鸣，刺激人们建立起强信任的“老铁”关系。这种关系不仅为快手留住了海量用户，还推动快手在各种挑战与冲击中稳步发展。

创意表达：态度决定转化

快手达人表现出来的态度是圈层经济的重要推动力。由于信任关系的存在，快手达人在短视频中对某品牌产品的吐槽，可能会导致该品牌失去大量用户；反之，可能会给该品牌带来大量新用户。短视频行业甚至整个内容行业从来不缺流量达人，缺少的是变现达人。

◆态度催化消费冲动

与传统电商相比，短视频电商弱化了商品之间的对比。人们在淘宝、京东等传统电商平台购物时，会对多个店铺中的同质商品进行对比，如对比商品的功能、价格、用户评论、物流速度等。这导致人们在传统电商平台购买一件商品时，可能要耗费很高的时间成本。从这方面看，网易严选、小米有品等帮助人们降低决策时间成本的品质电商平台的崛起也就很容易理解了。

但在短视频平台，消费者受创作者刺激产生购物冲动之后，很少会将其与同质商品进行对比。因此，短视频电商决策周期较短，更容易刺激冲动消费。当然，对电商而言，刺激人们产生消费冲动仅是开始，将冲动转化为实际的购买行为才是关键。

2018年，快手达人的一句“小猪佩奇身上纹，掌声送给社会人”使小猪佩奇火爆全网。一方面，小猪佩奇身上的“社会人”标签与其傻白甜、低幼的人设形象形成了强烈对比；另一方面，人们希望打破主流文化与观念的束缚，实现个性化的自我表达。在这种背景下，电商平台上与小猪佩奇相关的贴纸、手表、服饰、手机壳、饼干等各种产品销量大增，多个店铺出现断货情况，如图9-2所示。

图9–2 淘宝平台的小猪佩奇周边产品

小猪佩奇同款虽然火爆，但它对短视频电商的推动效果非常有限，很多融入佩奇元素创作的短视频作品的点赞量虽然可以突破10万人次，但并没有带来除流量外的其他收益。这是因为大部分短视频平台在探索短视频电商时，并未做到电商技术、运营及战略规划同步推进，导致短视频作品出现了严重的流量浪费。

想要将流量转化为销量，在内容创作者通过有态度的短视频作品激发了消费者的购物冲动后，短视频平台必须及时采取有效策略，完善电商基础设施，为创作者提供电商运营等方面的支持。快手在完善快手小店及“电商服务市场”等方面的积极行动，已经充分证明了这一策略的有效性，辛巴、散打哥、娃娃等快手达人已经在平台的支持下带动了巨额交易。

在探索态度表达打通圈层经济方面，快手给出的答案是通过达人有个性、有特点的真实生活连接“老铁”，形成圈层，利用圈层的群体势能帮助短视频创作者及平台完成变现。

◆广告的流量野望

短视频平台的圈层经济不仅存在电商变现模式，广告变现也非常重要。在形成高信任度的圈层后，广告变现是一种自然而然的选择。但广告变现并不简单，特别对于非常注重用户体验的快手来说。

大数据、AI等技术的发展使MarTech（Marketing Technology，智慧营销）有了很大进步，但距离让大部分广告主得到预期回报还有很长的一段路要走。目前，在国内MarTech领域，百度（凤巢）与腾讯（广点通）走在前列。当然，这并不代表其他企业没有反超机会，尤其是对以算法见长的快手和抖音来说。

不过，短视频平台的广告主要集中在前端，主要考察广告信息触达的精准性与广告信息完成达成比，前者通过Actr（视频封面点击率）指标考核，需要强大的算法支持；后者通过Bctr（视频下方广告按钮点击率）指标考核，需要快手达人有吸引力的态度表达。

为提高短视频广告的变现效率，快手需要回答各个“老铁”圈层愿意观看什么类型的广告，广告主期望对接哪些“老铁”圈层等问题。在多年发展的过程中，快手积累了海量用户数据与行业数据，为其通过短视频广告变现提供了强有力的支持。

◆创意表达盘活圈层经济

内容创作者的创意表达是提高圈层经济广告效率的有效手段，也是“西四包子铺”“宇飞牛肉面”等民间小吃经过短视频曝光后，客流量迅猛增长的关键原因，如图9-3所示。

在选择广告投放平台时，广告主会重点考虑目标用户，以及平台与目标用户的沟通能力。但快手等短视频平台与用户的良好沟通不能过度依赖技术，而是要引导内容创作者做好态度的创意表达，让广告与有态度、有个性的短视频作品高度契合，实现“内容即广告，广告即内容”，在给用户创造良好体验的同时，帮助广告主完成营销诉求。

图9-3 “西四包子铺”“宇飞牛肉面”快手短视频

平台接入：破解变现难题

随着各大短视频平台相继发力电商业务，“短视频电商”业态越发繁荣。近两年，快手上线了“快手小店”“魔筷TV”等电商工具，降低短视频电商门槛，帮助有卖货需求的达人与商家快速开店，提高平台交易的规范性，确保用户获得良好的购物体验。

不过，由于短视频的快餐化与碎片化特性，一定程度上制约了网红品牌的培养。另外，因为很多商品不适合以短视频电商的模式销售，再加上用户转化率有待提升，给短视频达人、品牌商及短视频平台探索短视频电商变现造成了诸多困扰。如何破解短视频电商变现难题成为各路玩家关注的焦点。

◆短视频+电商，品牌是关键

目前，虽然短视频已经成为社交媒体的标配，但创作者们尤其是投入较高成本的PGC创作团队仍面临着变现困境。与创作者投入的成本相比，平台提供的创作者补贴覆盖人数少，补贴额度有限，缺乏持续性，而且其他变现模式（如广告、用户打赏等）贡献的收入也并不理想。在这种背景下，快手等短视频平台纷纷发力电商业务，不仅为平台带来了新的利润来源，更为广大创作者提供了一条新的变现渠道。

事实上，短视频与图文同为内容信息，电商变现的底层逻辑存在一定的相似性，微博、微信KOL通过电商变现的做法可以为短视频电商变现提供参考与借鉴。例如，雪梨等微博达人利用优质内容沉淀了百万级的忠实粉丝，然后前往淘宝平台中开设美妆、服装等店铺进行变现。

在对大量达人变现案例进行分析后发现，想要借助内容电商完成变现，必须保证达人有清晰明确的定位，培养出人格化IP。但目前绝大多数短视频创作者很难做到这一点，很多达人定位模糊导致其生命周期较短。

在短视频平台做营销推广活动时，达人的风格、调性与品牌是否一致是商家考察的重点。如果达人缺乏清晰明确的定位，即便与其合作的品牌商投入大量资源进行推广，也很难获得预期回报。

为什么会出现这种情况？除短视频创作者在内容运营方面缺乏经验与技巧外，短视频平台的特性也是一项重要因素。快手短视频追求各类用户的广泛覆盖，强调去中心化，不希望将流量过度集中在少数头部达人手中，给达人人设与IP塑造造成了一定的制约。

与有实力的商家相比，小微商家更重视利润，不太关注品牌，所以，它们与短视频达人合作时，很少会考虑达人的人设定位，而是会重点关注达人的转化率、客单价等指标。

短视频电商在商品品类覆盖方面的问题也是一个难点。目前，短视频电商销售的商品主要是价格较低的轻决策产品，如农产品、水产品、美妆、服装等。以快手为例，很多农户、渔民通过短视频或直播方式推广自身低价、优质商品，主打产地直供、绿色有机，获得了大量订单，如图9-4所示。对于价格较高的重决策产品，如电视、沙发、空调等，以短视频电商的形式销售，效果并不理想。

图9-4 快手“果员外”水果直销

当然，想要破解短视频电商品类覆盖问题并非没有办法，可操作性较强的一个方法是品牌与达人找到好的创意让产品具备“新奇特”特征。“新奇特”指的是新颖、个性、特色，如造型独特、符合人体学、融入达人生活理念的沙发等。

◆巨头和新秀混战，各家胜算几何

开发购物车功能，借助第三方电商平台完成交易，是短视频电商的主流玩法，如快手电商同时接入了淘宝、天猫、拼多多 、京东、有赞、魔筷TV等多个第三方电商平台。从短视频行业的发展现状来看，短视频平台与第三方电商平台建立合作，共同为消费者提供优质产品与服务无疑是更明智的选择。

在国内电商行业格局基本稳定的情况下，企业做自营电商平台的门槛极高，拼多多能够在淘系与京东围剿下脱颖而出已经是一个奇迹。快手短视频认识到了这一点，如果一味地发展自营电商，不仅要投入高额成本完善电商生态，还要与电商巨头正面抗衡，结果肯定是得不偿失。

与此同时，用户对互联网产品的认知较为稳定，正是因为这一点，支付宝想要做社交，腾讯想要做电商，当当想要突破图书品类限制等都面临着很大的阻力。因此，对于快手等短视频平台来说，当前的重点应该是巩固、完善内容生态，在此基础上发力电商、广告、内容付费等变现模式。如果短视频平台盲目押宝自营电商，反而可能会因为精力分散破坏平台原有的内容生态，最终被淘汰出局。

与第三方平台合作发展电商同样能够为短视频平台创造非常可观的利润。例如，短视频平台可以从每笔交易中抽取技术服务费，为卖家提供商品及店铺推广增值服务，等。

从用户视角来看，当用户在短视频平台看到感兴趣的商品后，如果短视频平台支持直接在App下单购买，下单率会更高。这是因为跳出短视频平台去其他App购买比较烦琐，部分用户可能会因此放弃购买。所以，为了提高用户的转化率，快手开发了支持用户在平台内购买的快手小店。

发展短视频电商有两大路径：一是快手、抖音等短视频平台布局电商；二是淘宝、京东等电商平台布局短视频。因为短视频电商的发展前景广阔，电商平台也在积极发展短视频，例如，淘宝推出了淘宝店铺“实拍”频道，鼓励商家以短视频的形式全方位展示商品。同时，淘宝直播也对快手直播造成了极大的威胁。因此，对于快手来说，想要在电商领域掘金，不仅要面对抖音等同行业竞争对手，更要防范淘宝、京东、拼多多等跨界巨头。

种草拔草：创新电商玩法

快手达人“散打哥”原名陈伟杰，广东梅州人。2014年，陈伟杰注册了快手账号，开始在快手分享短视频作品。截至2020年2月，“散打哥”已经积累了4800多万粉丝。最初，让“散打哥”这个名字突破快手平台受到全网广泛关注的是快手在2018年11月举办的“卖货王”活动。在这场活动中，散打哥凭借1492.7万热度值夺得“快手卖货王”称号，仅11月6日的带货成交额便突破了1亿元，总成交额为1.6亿元。

2019年11月25日，“散打哥”在广东佛山国际体育中心举办了公益演唱会及带货活动，陈小春、梁咏琪等众多明星在主会场演唱，主播在分会场直播带货。在这场活动中，“散打哥”免费送出了100万斤东北大米，上千台电视、冰箱、洗衣机、电动车等生活日用品。活动结束后，散打哥团队公布了带货数据：散打哥及其团队累计带货共1.82亿元，刷新了2018年快手卖货节的纪录；单品方面，贵州茅台茅香原浆酒销量共110万瓶，法兰琳卡面膜总销量共400万片。

其实，散打哥团队为此次活动选择的时间点并不合适，网购主力军经过快手“1106购物节”与“双11”疯狂“剁手”后，购物热情明显下降。在这种背景下，散打哥团队能够取得这样的成绩，不仅向人们展现了其强大的带货能力，更为积极探索短视频电商的创作者及品牌商注入了一针“强心剂”。

◆快手短视频：天然的种草神器

在快手，通过短视频电商大获成功的主播有很多，陕西人小乔的短视频电商玩法同样值得学习借鉴。

2016年底，陕西人小乔注册了快手账号，将当地的美食——陕西凉皮、油泼辣子等以短视频的形式展现出来。在短视频评论区，很多用户询问“这个凉皮是怎么做出来的啊”“油泼辣子卖吗？麻烦给个链接”，这些评论给了小乔极大的鼓舞，促使其加入了短视频电商创业者大军。为了给粉丝展现更地道的美食做法，让粉丝买到更可口的美食商品，小乔说服了父亲老乔与自己合作组成父子档——“陕西老乔小乔父子档”，如图9–5所示。

图9–5 “陕西老乔小乔父子档”快手短视频

截至2020年5月，小乔快手账号的粉丝已经超过了570万。同时，小乔注册了专门生产并销售油泼辣子的公司，每批可生产5000瓶油泼辣子，三四天便被抢购一空，很多买不到的粉丝会在直播间及粉丝群催促小乔加快生产。

快手上有很多类似小乔一样的中腰部达人，他们虽然不像散打哥一样动辄销售破亿元，但带货量也非常可观，月成交额能够达到几十万甚至上百万元。这些达人的存在是快手发展短视频电商的重要武器。

事实上，在快手未尝试商业化之前，就有很多创作者用短视频的形式记录产品的加工、包装、运输等过程。例如，拍摄怎么修剪葡萄架、怎么采摘橘子、怎么捕捞水产品、怎么雕刻手工艺品等。虽然这些短视频创作者没有得到平台的帮助，但这些短视频对他们的销售活动产生了极大的帮助。

开启商业化之后，快手通过与第三方平台合作、自建规则等方式，为短视频创作者发展电商赋能，规范商品展示、支付、发货、售后等环节，帮助短视频创作者提高卖货效率。

短视频的强大表现力可以进一步放大某些商品的优势，例如，渔民捕捞的活蹦乱跳的鱼虾、农民从大棚里采摘的带有露珠的新鲜蔬菜、面包师对原材料进行一系列加工后做出的香喷喷的面包等，这些真实而新奇的内容将刺激大量冲动消费。

快手电商扮演的角色就是在短视频电商“种草”“拔草”的过程中，保障信息对称，优化交易流程，完善交易规则，让供给方与需求方的利益都能得到有效保障。

除短视频外，快手还支持直播。主播可以将商品链接添加到直播间，让观众边看边买。同时，主播还能与观众互动交流，收集用户对商品的反馈意见，拉动商品迭代升级。

社交性也是快手短视频电商的一大优势。在长期观看、评论、分享短视频的过程中，快手用户与用户之间，用户与创作者之间形成了良好的信任关系，所以，快手短视频电商既是内容电商，又是社交电商。

以陕西人小乔为例，小乔与老乔在快手分享的内容主要是当地美食的选材、制作、吃法等，正是这些内容打动用户，将其转化为忠实粉丝。经过几年时间的积累，小乔父子从默默无闻的短视频小白成长为拥有数百万粉丝的快手达人。优质的内容、可靠的商品、密切的交流，使粉丝与小乔父子建立了信任，为小乔父子发力短视频电商奠定了坚实的基础。

让用户与世界更好地连接是快手的一大使命，这种连接包括社交连接、生活连接、信息连接、商业连接等。未来，随着运营经验、金融资本等资源不断积累，快手的商业化之路将走得更快、更稳健，可以帮助更多类似小乔父子般的创作者以更高的效率、更低的成本完成电商变现。

第 10 章

工具赋能：拓展电商变现新渠道

快手小店：形成交易闭环

快手小店是快手官方为有电商服务需求的个体与商家提供的开店工具，可以帮助开店者极大地提升经营效率。在介绍怎么开通快手小店之前，我们首先要了解入驻快手小店的注意事项。

（1）办理并上传营业执照。我国《电商法》明确规定，所有电子商务经营者都应当办理市场主体登记，且依法履行纳税义务，电子商务经营者未取得相关行政许可从事经营活动的，将按照有关法律、行政法规予以处罚。所以，开通快手小店前首先要办理并上传营业执照。办理营业执照时，办理人员需要携带照片、身份证、“平台网络经营场所证明”等材料前往当地工商局办理，部分类目还需要获得许可证才能开店。

（2）符合快手小店入驻资质标准。个人与企业都可以开通快手小店，不同的开设主体（目前支持个人、个体工商户与企业）需要的入驻资质不同，具体入驻资质如表10-1所示。

表10-1　快手小店入驻资质要求

店铺类型	旗舰店	专卖店	集合店		
			企业	个体工商户	个人
主体资质	1.加载“统一社会信用代码”的营业执照（根据2014年10月1日生效的《企业经营异常名录管理暂行办法》，需确保未在企业经营异常名录中且所开展的经营行为属于经营范围内） 2.银行开户许可证（须有中国人民银行盖章，法人代表与营业执照一致，不一致请提供工商局出具的变更证明） 3.法定代表人身份证正反面复印件			1.个体工商户营业执照 2.银行开户许可证（须有中国人民银行盖章，法人代表与营业执照一致，不一致请提供工商局出具的变更证明） 3.法定代表人身份证正反面复印件	1.经营者身份证正反面复印件 2.有经营者开户的银行卡 注：仅可开通国家允许无须市场主体等级的经营类目

（3）快手小店保证金/费率标准。商户根据经营范围和开通的服务向快手平台缴纳用以保证其商品质量和服务质量的资金。当商户发生侵权、违约、违规行为时，快手电商将按照与商户签署的协议中的相关约定及快手小店规则扣除相应金额的保证金，作为违约金或给予消费者的赔偿金。

★快手小店各经营类目对应的保证金标准详见《快手小店保证金管理规则》。

★保证金的调整、补足、退还、扣除、赔偿等根据商户签署的相关协议及快手电商小店规则约定办理。

★跨类目保证金：就高原则，保证金按最高金额的类目缴纳；经营过程中增加的类目对应的保证金与原有保证金不一致，商户须补交差额部分。

★费率：商户根据经营类目在达成每一单交易时按比例向快手电商缴纳费用。①

① 注：《快手小店招募规则》。

快手小店开通的4大步骤

了解了快手小店开通须知后，开店者便可以按照快手小店开通流程来开通快手小店。具体来看，快手小店开通流程主要包括4个步骤，如图10-1所示。

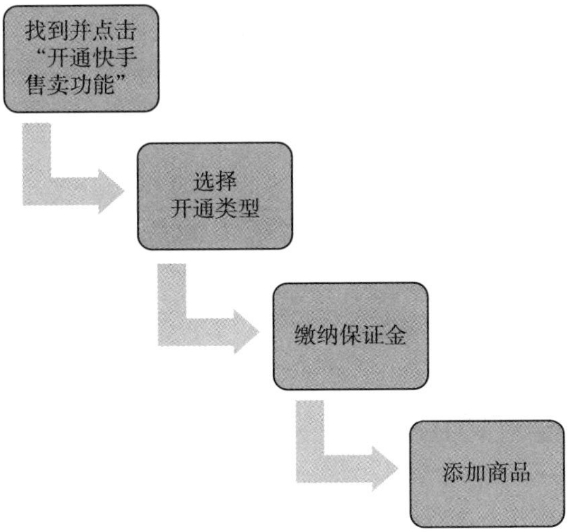

图10-1 快手小店开通流程

（1）找到并点击“开通快手售卖功能”。

开店者登录快手账号后先点击“设置”，再点击“快手小店”，就可以找到并点击“开通快手售卖功能”。

（2）选择开通类型。

开店者按照上一步骤操作后，就可以进入快手小店开通商品售卖服务页面。该页面提供了“个人”与“企业”两个选项，开店者可以根据实际情况选择。选择完开通主体后，开店者需要上传相关资质，包括开店者基本信息、店铺营业执照与许可证等。

（3）缴纳保证金。

保证金缴纳的具体金额与经营类目直接相关，数额通常在1000元以上。缴纳保证金具体步骤为：打开快手App点击左上方的三条横线标识，点击“小店订单”进入小店卖家端，点击“保证金”，再点击“缴纳店铺保证金”缴纳所需金额即可。

（4）添加商品。

完成上述三个步骤后，开店者就可以在快手小店添加商品，操作方法为：进入快手小店卖家端点击“商品管理”，然后点击下方的添加商品选项，选择要添加的商品。添加商品时，开店者需要提供商品标题、关联视频、商品图、商品详细介绍、详情图、规格信息、运费模板、商品类别、退货规则等信息。填写完这些信息后，开店者可以先点击预览，确认信息无误、图片清晰后，再点击“提交审核”，审核通过后，相关商品会展示在快手小店中。

“作品推广”提升转化率

开通快手小店后，经营者要投入一定的资源对小店商品进行推广，以保证小店有足够的客源与利润。在对商品进行推广时，快手小店经营者除可以选择内容营销（如拍摄商品短视频、直播介绍商品）、降价促销（如提供优惠券、红包）等方式外，还可以利用快手官方的付费推广增值服务。例如，快手小店经营者可以利用快手“作品推广”服务对带有商品链接的短视频作品进行推广。

◆“作品推广”需要满足的基本条件

快手“作品推广”需要满足的6大条件如图10–2所示。

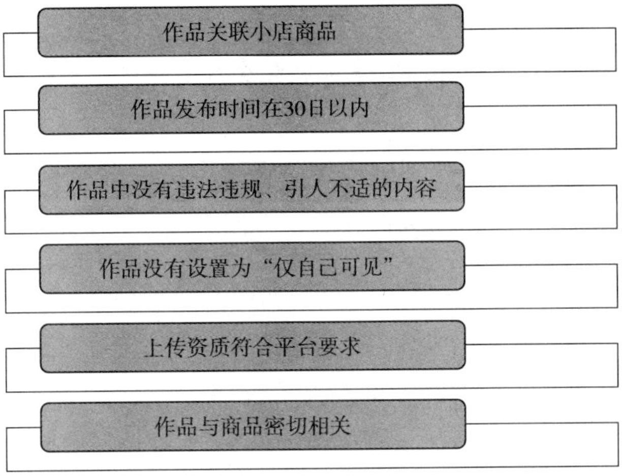

图10-2 “作品推广”需要满足的6大条件

◆作品推广实用技巧

（1）选择优质的短视频作品，标准如图10-3所示。

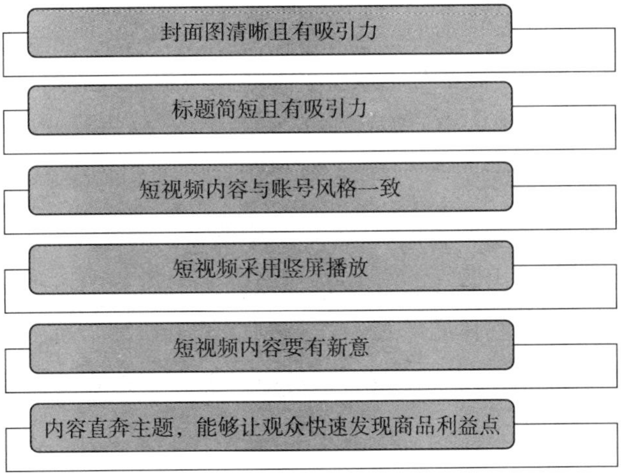

图10-3 优质短视频选择的6大标准

（2）首次使用作品推广服务时，快手小店经营者可以先进行低成本的短时投放测试，确保有一定效果后再正式投放。

（3）快手小店经营者要为作品推广添加合适的兴趣标签，兴趣标签选择越精准，目标用户就越精准，商品转化率提升幅度也就越大。

（4）快手作品推广服务为客户提供了“期望增加”选项，以满足不同客户的差异化推广需要。“期望增加”选项可供选择的期望包括播放量、点赞评论、粉丝量、个人主页访问量、直播引流，其中，播放量更适合快手小店商品推广。

5大常见问题的解决方案

就像运营淘宝店一样，运营快手小店过程中难免会遇到各种问题，给经营者的日常工作造成诸多困扰。针对这种情况，我们对快手小店运营过程中的常见问题及解决方法进行系统梳理，为相关从业者提供参考。

（1）上传商品后，部分已有商品消失。出现这种问题是因为快手小店商品数量达到上限，当商品数量达到200个后，经营者再添加商品就会出现这种情况。事实上，对于快手小店来说，商品的选择在于质量，而非数量，商品过多容易让消费者感到混乱，成交率下降，不利于打造爆款。有的经营者可能想要追求商品品类齐全，但快手小店不是一个纯粹的电商平台，走的是内容电商与社交电商路线，强调用优质内容与信任关系引导用户购买。要知道即便经营者添加再多的商品品类，也不如淘宝等纯电商平台的品类齐全。

（2）商品评论区出现恶意差评。在电商平台购物的过程中，消费者可能因为商品品质、购物体验等没有达到预期给出差评。快手小店也可能出现这种情况，这类差评属于经营者可接受的差评，毕竟是因为自己的商品与服务未能让顾客感到满意。但对于那些无理取闹、刻意抹黑店铺形象的恶意差评，快手小店经营者应该果断向平台举报，通过官方渠道维护自身的合法权益。举报方法为：在快手小店卖家端点击“评价管理”，再点击“投诉”，然后根据系统提示提供证明材料。快手官方审核认定为恶意差评后，就会删除该评论。

（3）带有商品的短视频作品没有出现在“同城”。同城是短视频作品曝光的一个重要渠道，有些快手小店经营者发现自己上传的短视频作品没有出现在同城，原因大致包括3点，如图10–4所示。

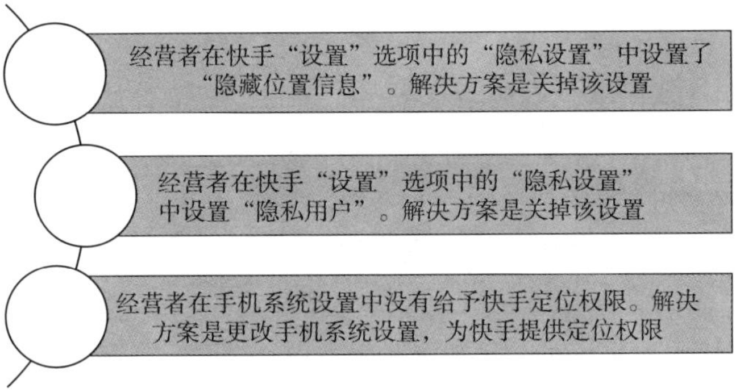

图10–4 短视频作品没有出现在“同城”的3大原因

（4）快手小店无法上架商品或商品被官方下架。导致这种问题出现的原因主要有4点，如图10–5所示。

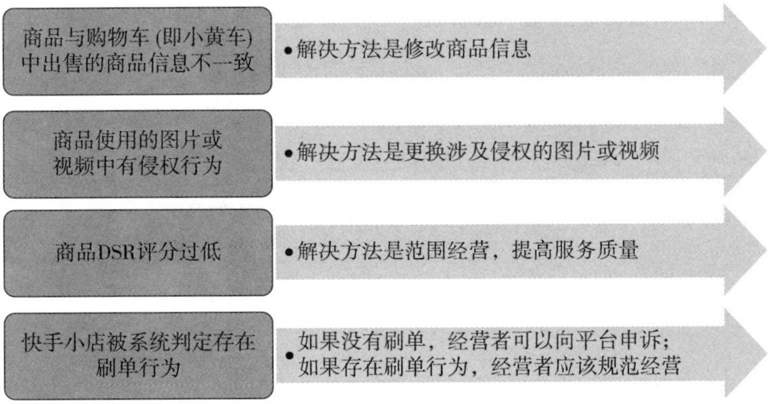

图10–5 商品无法上架或被官方下架的原因及解决方法

（5）快手小店功能受限。该问题出现的主要原因在于快手小店违反了《快手小店经营违规管理规则》。根据该规则，快手小店出现违规行为时，平台将扣除其信用分，并根据其违规情节的严重程度，给予快手小店限制提报营销活动、禁止创建新品、限制使用购物车、暂停快手小店功能、资金冻结、清退商户等惩罚。出现这类问题后，运营人员只能等惩罚期过后，才能正常使用快手小店。

商品信息错误的解决流程

快手小店标注错误是指因经营人员工作失误导致商品价格、数量、促销语、图片、规格参数等信息出现错误。如果买家此时下单购买，快手小店经营者可能陷入两难境地。如果商家按照订单发货，自己就要承担损失；如果不按照订单发货，就要遭到平台惩罚。

遇到这种情况，快手小店经营者应该怎么处理呢？可按照以下步骤进行，如图10-6所示。

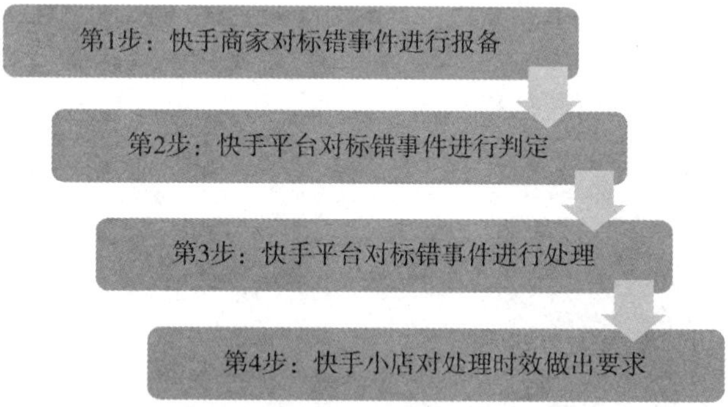

图10-6　商品信息错误的解决流程

◆第1步：快手商家对标错事件进行报备

情形1：快手小店按照订单为顾客正常发货。快手小店正常发货后，系统将按照正常情况处理订单。如果出现顾客投诉，系统将按照常规订单投诉进行处理。

情形2：快手小店未履约订单。快手小店经营者因为担心给店铺造成巨大经济损失，或被顾客投诉，不打算履约订单。此时，经营者要在2小时内向快手电商平台发送邮件进行报备，电子邮箱为shop@kuaishou.com。

◆第2步：快手平台对标错事件进行判定

快手小店报备后，快手电商平台将根据实际情况对标错事件进行判定。以价格标错为例，快手电商会结合快手小店成交价、历史成交价、售价等信息进行综合判断。

情形1：店铺损失额没有超过1万元。当快手电商平台判定不属于标错事件，以及虽然标错事件成立但店铺损失额没有超过1万元时，店铺有义务按照正常订单为已经下单的顾客发货。

情形2：店铺损失超过1万元。当快手电商判定标错事件成立，且店铺损失超过1万元时，快手电商平台将协助快手小店解决问题，由此产生的费用由快手小店负责。如果快手电商平台与快手小店经营者没有形成一致的解决方案，经营者就要履约订单。

店铺损失计算公式为：（快手小店正常售价-标错价）×订单涉及商品数量。如果是首次上架的新品，快手小店正常售价将按照市场均价处理。

◆第3步：快手平台对标错事件进行处理

快手小店经营者与快手电商平台就解决方案达成一致后，经营者要按照解决方案处理相关订单。如果经营者未能执行解决方案，快手电商平台将按照规定给予商品下架并限期整改、冻结货款等惩罚，直到经营者处理完该事件为止。

◆第4步：快手小店对处理时效做出要求

情形1：订单量不超过500单。快手小店经营者要在与快手平台达成解决方案后5日内处理完80%的订单，客户取消订单视为处理完订单，其他订单要在3日内处理完。

情形2：订单量超过500单但不超过1000单。快手小店经营者要在与快手平台达成解决方案后7日内处理完80%的订单，客户取消订单视为处理完订单，其他订单要在3日内处理完。

情形3：订单量超过1000单。快手小店经营者要在与快手平台达成解决方案后10日内处理完80%的订单，客户取消订单视为处理完订单，其他订单要在3日内处理完。

需要注意的是，订单量的计算依据是在商家标错商品信息期间，顾客成功下单支付的订单总量（货到付款订单也属此列）。如有争议，以快手电商平台系统数据为准。

快手商家号：沉淀私域流量

快手商家号是快手官方面向广大商家推出的商业工具，于2019年5月开始内测。成功获得商家号认证的商家将获得带有特殊标签的商家主页，商家主页内整合了多项商家服务功能。同时，开通商家号的商家将获得快手官方提供的多项权益，并能参加快手官方举办的各类定制活动。在商家号的帮助下，快手商家可以持续沉淀高价值私域流量，达成更多的成交转化。

经过3个多月的完善，快手在2019年8月28日宣布对快手商家号的产品功能与服务体系进行全面升级。这意味着在赋能商家方面，快手将不再局限于为商家的营销推广提供支持，而是通过完善的生态服务全方位助力商家实现可持续发展。在此基础上，快手将建立“内容+流量+商业”的生态正循环，形成更健康的商业体系，实现用户、商户及平台的多方共赢。

尼尔森公布的研究数据显示，2018年6—8月，通过快手带来直接交易的商业用户占比48%，年收益10万元以上的快手商户占比42%，平均每个视频带来收益1068元。

快手商家号得到了广大快手商家的认可与支持，据快手官方发布的数据，快手商家号用户数超过60万，每日新增用户数超过1万，每日新增商家作品数量超过50万，日均直播场次超过20万。

商家号操作门槛较低，整合了快手官方的多种商业工具与优质资源，可以有效提高商家在快手掘金的效率。快手商家号能够覆盖内容生产、营销获客、交易转化整个链条，堪称商业“百宝箱”。在内容生产方面，快手商家号的聚合功能可以刺激目标用户创作UGC作品，并将这些作品整合到商家主页进行展示，从而让商家获得更多消费者的信任；快手官方为商家打造的快手课堂商家成长体系，能够为商家创作PGC内容提供强有力的支持，赋予商家持续生产优质内容的能力，如图10-7所示。

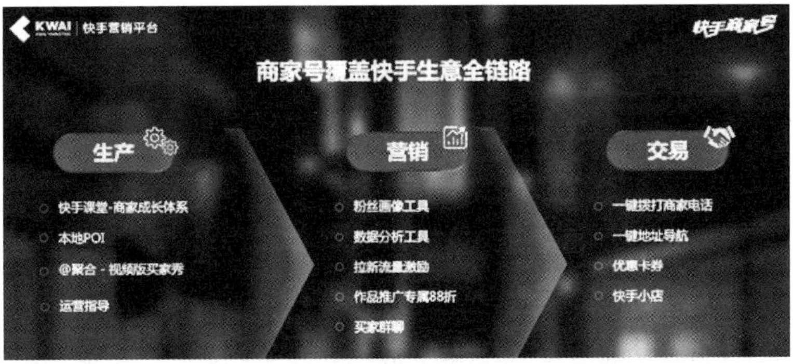

图10-7 商家号覆盖快手生意全链路

在营销获客方面，快手商家可以得到专属“粉丝头条”优惠以及海量的流量支持；快手商家号的群聊功能可以帮助商家对顾客进行社群化运营，并探索粉丝经济。

在交易购买方面，一键拨打商家电话、一键地址导航、优惠卡券及快手小店等功能，可以有效缩短用户与商家的距离，促成更多的交易购买。

在快手官方公布的发展规划中，未来，快手商家号将聚焦品牌、电商、本地三大方向，在美妆、零售、服饰、网服、景区酒店、本地餐饮等六大行业重点发力。为全面释放商家号的服务能力，快手商家号将迈向全方位的生态升维之路。

在运营方面，快手商家号将为商家提供流量、服务等资源支持，帮助商家打造爆款IP。快手商家号不仅可以打造“超级网红店”，还能打造“筷味江湖”美食街甚至是快手“商城”。在服务方面，快手商家号将通过丰富多元的工具与产品，以及系统化的专业培训，帮助商家从零开始做运营。

此外，快手商家号还推出了“本地合伙人招募计划”，通过6亿元服务商激励金，预计用一年时间，将快手商家号的覆盖范围扩大到100多个城市，新增100万商家用户，如图10-8所示。可以预见的是，随着快手商家号功能与服务的不断完善，一个强大的快手商业生态将逐渐成型。

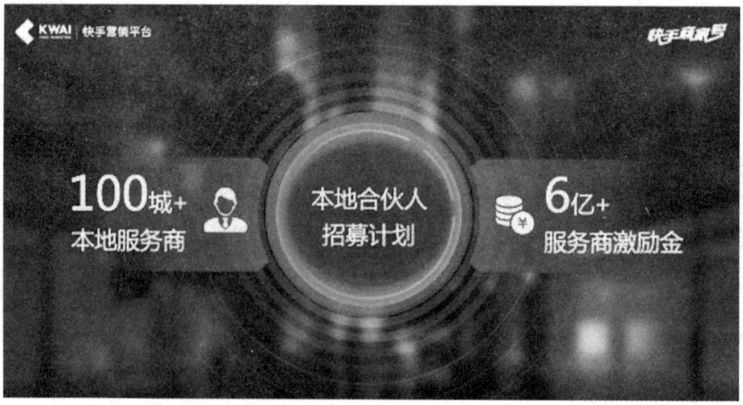

图10-8　快手商家号发布“本地合伙人招募计划”

在快手商家号的支持下，广大商家将找到真正适合品牌的成长路径，用更有情感与温度的内容连接用户、打动用户，在推动自身发展壮大的同时，反哺快手商业生态，进一步加速快手的商业化进程。

快手商家号开通的4大步骤

快手商家号上线后迅速吸引了大量商家客户，这些商家都希望能在商家号数量较少之际，借助快手的丰富资源疯狂收获流量与订单。那么，商家如何开通快手商家号？开通快手商家号需要注意哪些事项？下面对这两大问题进行详细分析。

◆开通快手商家号的主要途径

（1）商家可以登录快手App，搜索并关注“商家号小助手”，关注后就能自动获得一条开通快手商家号链接的私信，之后点击链接根据提示操作即可。

（2）有些商家可能已经关注了“商家号小助手”，但没有点击开通快手商家号的链接开通商家号，这类商家可以回复“开通”来获得开通链接。

（3）商家可以登录微信账号搜索并关注微信公众号“快手商家号”，在公众号内回复“开通”或在菜单栏获取开通二维码。

（4）商家可以登录快手App，在搜索页面输入“我为商家号代言”标签，点击该标签页的背景图获得开通入口。

◆开通快手商家号的注意事项

（1）开通快手商家号的资质问题。商家可在开通页面点击“一键开通”成为普通商家号用户。这类商家号不需要上传营业执照，免费开通，而且可以使用商家电话、地址导航、品类标签等功能。当然，想要获得商家优惠券、聚合页、付费推广优惠等权益，商家可以申请成为认证商家号。这类商家号需要上传营业执照、身份证等材料，同时需要支付300元认证服务费。

（2）单个营业执照是否支持多开？目前，快手规定单个营业执照最多可以开通3个商家号，并且商家填写的商家号经营品类必须与营业执照经营范围保持一致。

（3）如何查询快手商家号认证审核状态？商家可以通过扫描开通二维码或点击开通链接来查询商家号的审核进度。

（4）没有合适的经营类目。由于快手电商仍处于起步阶段，部分经营类目尚未开放，当商家遇到经营类目不合适时，可以暂时不填写这项信息。

（5）审核未通过。如果审核未通过，商家可以在个人主页先点击“商家功能”，再点击“认证失败”，来了解审核未通过的具体原因，然后进行针对性调整，重新提交审核。需要注意的是，商家缴纳的300元审核费有效期为首次提交审核日起50日以内，超过该期限想要再次认证时，商家需要重新缴纳费用。

优惠券功能设置的7大流程

向粉丝发放优惠券是一种非常常见的粉丝促活及商品促销手段。而开通快手商家号的商家都能获得这项权益。那么，商家应该怎么使用优惠券权益呢？在实践中，商家可按照以下步骤操作：

（1）打开快手App，点击左上方的三条横线标识。

（2）点击“账号名”（“头像”“个人介绍”皆可）进入商家主页。

（3）点击“编辑资料”进入个人资料界面。

（4）点击下方“优惠券”选项，选择创建优惠券进入优惠券管理页面，如图10–9所示。

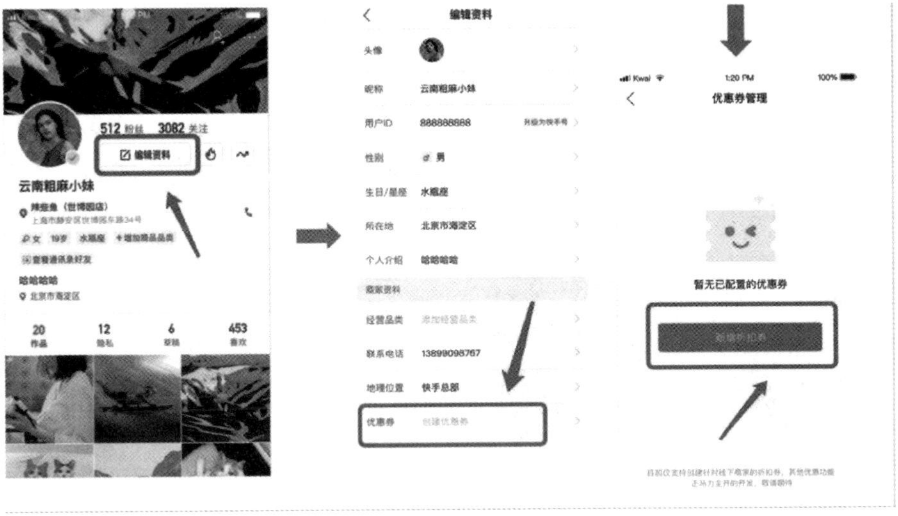

图10-9　创建优惠券

（5）点击“新增折扣券”。然后根据提示设置折扣额度、优惠券有效期、发放时间、发放数量、使用说明等。设置完成后，商家可以先点击“预览”，确认无误后再提交审核，如图10-10所示。

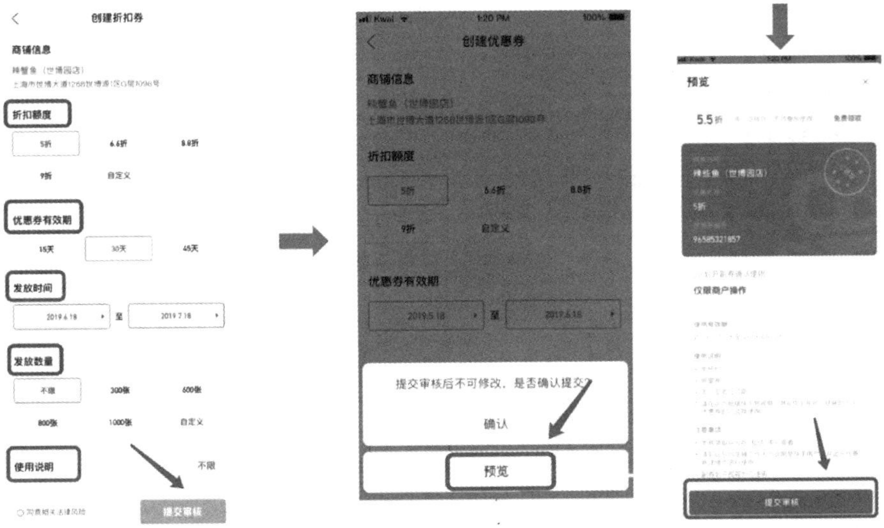

图10-10　优惠券功能设置

（6）提交审核后，商家不可以修改优惠券，但可以将优惠券下线，不过已经被用户领取的优惠券仍有效，下线后的优惠券还可以再上线。

（7）系统审核通过后，优惠券会出现在商家主页。感兴趣的用户可以在商家主页领取优惠券，如图10-11所示。

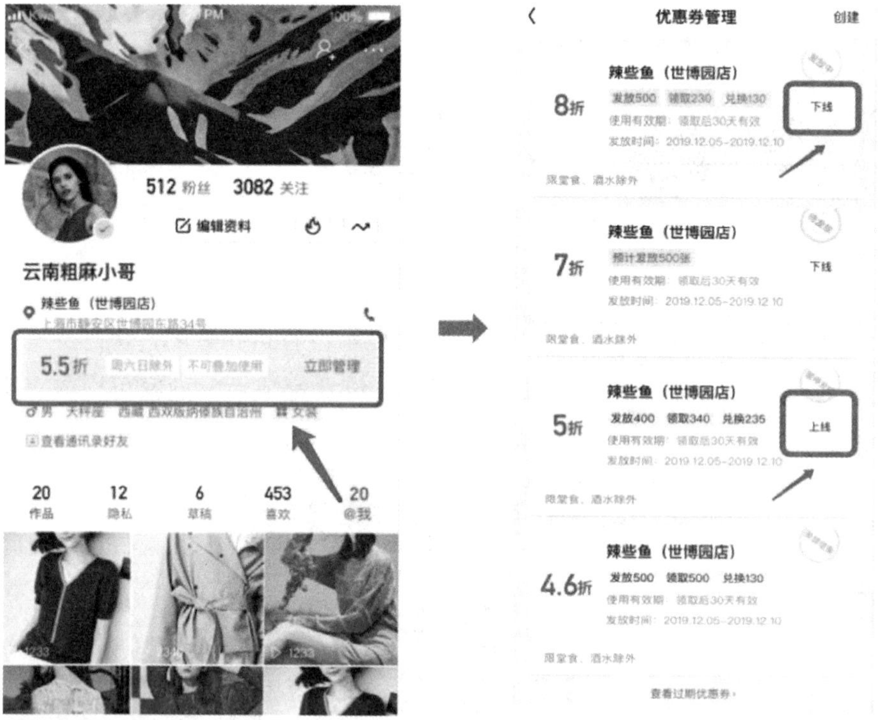

图10-11　优惠券管理

@内容聚合页玩转粉丝营销

（1）内容聚合页面展示。对于开通商家号的商家，快手提供了聚合页功能，以便商家将粉丝@自己的短视频整合到个人主页中。为保障内容聚合页的呈现效果，商家可以通过“@隐藏设置”功能将不希望展示在个人主页的视频隐藏起来，如图10-12所示。

图10-12　内容聚合页的隐藏设置

（2）@内容聚合页面作用。内容聚合页为商家连接粉丝提供了新渠道，能够进一步提高粉丝与商家的互动效果。商家可以通过发布有互动性与参与感的短视频引导粉丝创作UGC视频并@自己，然后快手商家号会将所有@商家的用户视频整合到相应商家的主页，如图10-13所示。这种方式增强了粉丝与商家的互动，在帮助商家进行营销推广的同时，还能刺激潜在用户点击关注，做出购买行为。此外，@内容聚合页面还能提高商家个人主页内容的丰富性，为商家创作短视频提供创意与灵感。

图10–13　内容聚合页连接粉丝

（3）@内容聚合页面玩法。在账号运营实践中，怎么玩好内容聚合页呢？商家不妨尝试通过物质激励（如赠送礼品、抽奖、赠送优惠券、享受折扣等），在直播间、粉丝圈或者在发布的短视频作品中引导粉丝创作与自身产品及品牌相关的短视频。

以美妆商家为例，美妆商家可以鼓励用户分享使用店铺化妆品的展示效果，或者引导同城用户前往线下门店拍摄在店内免费体验化妆品的短视频，然后给予分享这类短视频并@自己的用户一定的物质激励，提高用户参与的积极性。快手商家号会将粉丝创作的相关短视频整合到商家个人主页的@他栏目中。在活动过程中，商家的美妆产品能够获得大量曝光，商家能够与粉丝进行良性互动，店铺的下单量与复购率得以大幅提升。

Part 4

品牌营销篇

第 11 章

营销赋能：如何玩转快手营销

达人带货：品牌营销的终极密码

截至2019年7月底，入驻快手的MCN机构已经超过800家，且涵盖了行业多数头部机构。快手用户的较高活跃度与旺盛的购买需求，是吸引广大MCN机构的关键所在。

快手达人带货并不局限于头部达人，中腰部乃至新人主播也有机会带动商品大量销售。对大量品牌的快手营销案例进行分析发现，品牌主在快手做短视频营销的主要目的是产品种草、电商导流及带货，同时，品牌商更倾向于和幽默类及才艺展示类快手达人合作。那么，快手达人带货的背后隐藏着什么奥秘？这对品牌营销有何启示呢？

◆“普惠式”算法

从本质上看，快手是一个内容分发平台，其内容分发算法与机制，以及平台的整体运营理念与价值观等，都会影响快手达人的带货能力。

快手自诞生之日就坚持“去中心化，不打扰用户”的原则。算法的完善是一个长期的过程。因为算法不完善，快手在发展过程中曾遭受过很多质疑与挫折。面对这些质疑与挫折，快手积极应对，持续对算法进行优化改善，并投入大量人力协助算法进行审核等。

快手算法始终向着让每一条内容实现“公平分发”，让所有人都有机会被看见的方向努力。同时，快手也支持达人运营自己的私域流量。很多快手达人表示，虽然有些平台也像快手一样拥有庞大流量，但他们很难将平台流量转化为自身的私域流量，给变现带来了一定的阻力。

快手没有选择以签约的方式与MCN机构合作，也没有为MCN机构单独设置奖金。这就表示MCN机构旗下的账号不会享受到快手算法的优待，它们必须和普通账号一样凭借自己的实力赢得用户支持。

快手的“普惠式”算法不仅给达人与商家足够的流量支持，更给了他们坚持创作的动力。新人在快手平台发布短视频之后，不会因为平台将流量过度聚焦于头部达人而没有观众。对于新人来说，即便作品播放量只有几十次，他们也会受到莫大的鼓舞。

◆“聊天场景”下的内容信任建立

快手上随处可见的“老铁”一词充分体现了快手平台浓郁的社交属性。“老铁”一词非常接地气，体现了人与人之间的信任。在短视频评论区或直播间，以“老铁”方式沟通交流的快手达人与用户能够塑造一种良好的沟通氛围，促使快手达人与用户建立信任。

在销售商品时，快手达人使用了一种非常朴实的方式，他们结合自己擅长的领域，以短视频或直播的形式向用户分享知识与经验，而且为了回馈每天陪伴自己的粉丝，他们还会不定期地为粉丝赠送一些礼品。

快手达人“保定府磊哥：媛福达933”将自己的创业历程制作成系列短视频分享给快手用户。他希望通过其崎岖坎坷的创业经历鼓舞更多创业者，让他们少走一些弯路。在长期的互动交流中，他与很多粉丝建立了良好的信任关系。截至2020年5月，“保定府磊哥：媛福达933”的粉丝量达到了836.6万。达人与粉丝建立信任关系之后，带货成交量将会大幅提升，如图11-1所示。

图11-1 “保定府磊哥：媛福达933”的快手号

与朴实的内容相比，经过过度包装修饰的内容在快手不占优势。一方面，从平台定位来看，快手希望建立一个能够记录真实生活的平台，经过过度包装修饰的内容没有真实感，很难将用户代入其中；另一方面，过度包装修饰的内容成本很高，制作周期长，质量不稳定，不利于培养用户的观看习惯。

快手崛起后，那些擅长个人IP塑造的MCN机构获得了一个快速积累流量的渠道。以MCN机构洋葱视频为例，洋葱视频布局快手后，旗下多个账号仅用几个月的时间就积累了数百万粉丝，例如，“七舅姥爷”积累了270万粉丝；“办公室小野”积累了320万粉丝。

可以说，无论是普通达人，还是专业的MCN机构，只要学会与快手用户互动交流，都能收获大量粉丝。

◆直播带货主要看转化率

流量对直播带货固然重要，但下单转化始终是直播卖货的核心环节。所以，快手直播卖货应该重点思考怎样提高转化率，如如何促使粉丝下单购买、如何将粉丝从看客转变为顾客等。对于一个成熟的快手直播团队来说，一场成功的快手直播带货的转化率能够达到30%。如果不能达到这一标准，直播团队就要总结反思，用什么手段可以提高转化率。

对于那些活跃在直播间、粉丝群并购买主播推荐商品的忠实粉丝，主播应该为其提供有趣、有温度、有价值的内容，并通过与其沟通交流、邀请其参加线上与线下活动、赠送礼品等方式留住他们，尽可能地延长他们的“生命周期”。

快手用户以三四线城市及以下市场用户为主，给高端品牌布局快手造成了一定的阻碍。举个例子，红酒、奢侈品等高端品牌商对于是否布局快手犹豫不决，因为它们的主流用户分布在一二线城市，如果它们在快手做推广，除担心无法吸引用户导致资源浪费外，还担心是否会破坏品牌调性。因此，这类品牌商想要在快手卖货，需要较高的运营实力。

其实，售价高昂的商品在快手并非没有市场，问题在于通过什么方式将目标用户从海量用户中筛选出来。结合快手卖货现状与未来发展趋势来看，一种较为可行的方案是达人或品牌商创作与产品相关的短视频，或在直播中植入相关商品与品牌，逐渐吸引目标用户，通过精细化运营与其建立信任，引导其购买。

“磁力引擎”：创造品牌“双LIU”价值

快手“磁力引擎”是快手通过增强AI+DA（人工智能+数据分析）技术，基于人、内容、流量、创意四大驱动力量，全面打通私域流量与公域流量，为客户解决营销增长、沉淀社交资产等问题，帮助客户实现整体投放效率最大化，为品牌创造“双LIU”（流量与留量）价值的全新营销平台。

◆快手“磁力引擎”升级的底层逻辑

2018年，快手在首届“Fe+商业峰会”上推出了快手营销平台，一年后又宣布将快手营销平台全面升级为快手“磁力引擎”。快手“磁力引擎”升级的原因如图11-2所示。

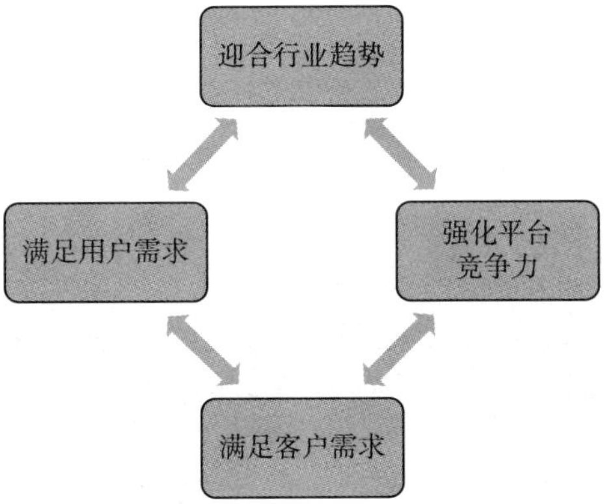

图11-2 快手“磁力引擎”升级的原因

（1）迎合行业趋势。在流量成本持续攀升的背景下，如何提高流量转化效率、降低营销成本成为企业关注的焦点。为迎合这种趋势，快手对营销平台进行升级，推出了可以帮助企业与品牌实现精准营销与精细化流量运营的快手“磁力引擎”。

（2）强化平台竞争力。短视频平台的竞争力来源于服务用户及商户的能力。从服务商户角度看，快手需要持续提高自身的用户触达能力、创意产出能力、智能投放能力、数据闭环能力、交易转化能力及资源嫁接能力。快手“磁力引擎”是快手在这方面的有益尝试。通过快手“磁力引擎”，快手将帮助品牌商与内容创作者建立更好的连接，为品牌获客转化提供巨大的推动力。

（3）满足客户需求。企业与品牌做快手营销时会面临很多问题：

如何选择合适的KOL？是选头部KOL，还是腰部KOL，抑或尾部KOL？

如何找到目标用户？

如何高效触达目标用户？

如何激发购买行为？

如何沉淀粉丝？

……

对于这些问题，快手“磁力引擎”都能给出明确答案，如图11–3所示。

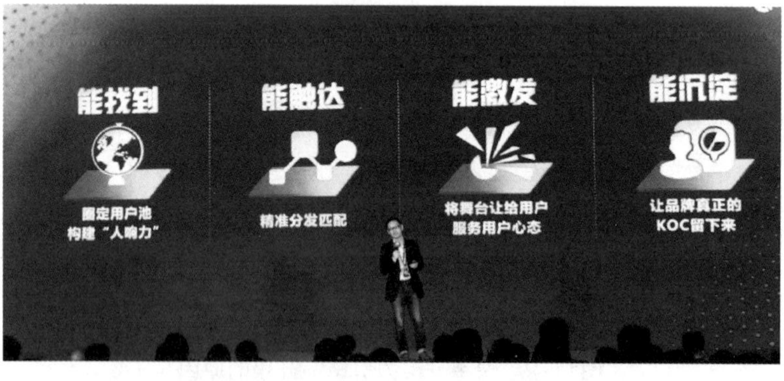

图11–3 快手“磁力引擎”满足客户需求的四大方案

（4）满足用户需求。内容创作者是快手用户的重要组成部分，而这些内容创作者存在旺盛的变现需求。尤其是那些资源缺乏、运营能力较弱的个体内容创作者，在没有外力扶持的情况下，他们很难通过快手维持生存。快手“磁力引擎”可以帮助内容创作者提高变现能力，创建一个健康、可持续的平台生态。

◆如何理解快手“磁力引擎”的磁力

想要利用好快手“磁力引擎”，我们需要对其有一个深入认识。那么，怎么理解快手“磁力引擎”的磁力呢？具体来看，快手“磁力引擎”的磁力主要体现在以下3个方面（见图11-4）：

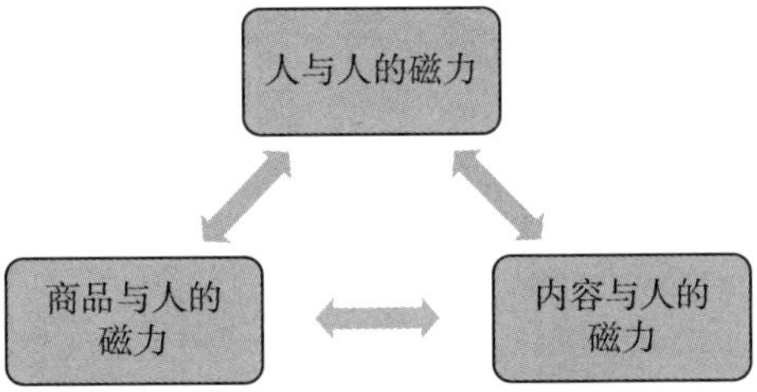

图11-4 快手“磁力引擎”磁力的3大表现

（1）人与人的磁力。人与人的社交关系是社交平台赖以生存的基础，基于这种关系，快手平台上出现了职业圈层、兴趣圈层、地域圈层、熟人圈层等丰富多元的圈层，不同圈层中人与人之间的磁力存在一定差异。快手平台可以通过对这些磁力进行分析找到其特性、价值，进而对用户的兴趣爱好、行为趋势进行分析。

（2）内容与人的磁力。短视频内容备受网民青睐，丰富多元的短视频内容为快手带来了庞大的用户与商户。部分内容创作者在快手平台积极分享优质作品，甚至引领社会潮流，凭借内容与人的磁力沉淀了数万忠实粉丝。快手通过分析内容与人的磁力可以动态追踪人们的内容需求，顺应潮流趋势，抓住并引爆热点话题。

（3）商品与人的磁力。快手KOL带货卖货的案例不计其数，11月是刺激电商消费的重要节点，快手也抓住这一机会，在2019年11月推出了一系列活动刺激直播带货。例如，举办“116购物节”、联合天猫推出“双11老铁狂欢夜”、推出“源头好货”等。在这些活动中，快手KOL展现出了强大的直播带货能力。快手官方数据显示，活动期间，快手20位头部主播带货总额共21.16亿元；有4位主播带货交易额超过1亿元，20位主播带货交易额超过5000万元。

直播带货只是体现商品与人的磁力的冰山一角。在快手“磁力引擎”的帮助下，商家可以快速制定精准触达目标用户的推广策略，将流量导流至自己的商家号；找到与自身调性一致的KOL，推动产品销售及用户运营。

4大磁力：撬动品牌短视频营销

◆快手“磁力引擎”的4大核心

快手“磁力引擎”有4大核心，分别是人、内容、创意和流量。

（1）人。时尚潮流的形成不仅是自上而下，自下而上同样可以形成。例如，牛仔裤、可口可乐、嘻哈文化等都是从劳动者逐渐向社会上层渗透。在时尚潮流形成过程中，人是必不可少的角色。快手平台有各种人，宣传的人、裂变的人、渠道的人等，形成了充满人性关怀与温暖的人立方，如图11-5所示。不难发现，快手平台中的人更真实、更贴近生活、更接地气，为自下而上形成各种时尚潮流奠定了良好的基础。

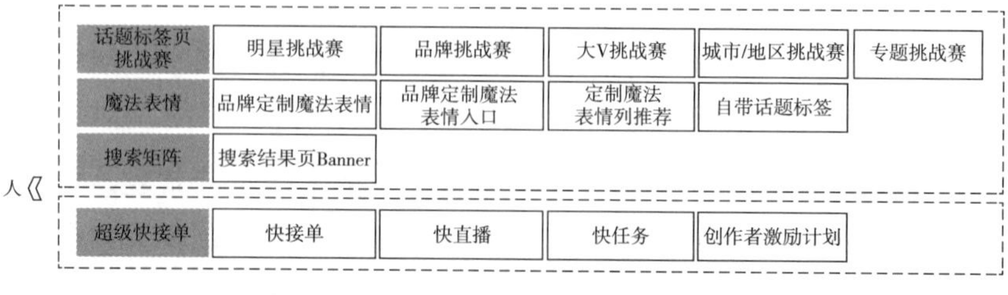

图11-5　快手“磁力引擎”的人立方

（2）内容。内容是连接品牌与用户的重要媒介，也是短视频平台用户与用户交流互动的重要桥梁。在快手，每日有1500多万条短视频作品上传至平台，涵盖了美食、亲子、旅游、出行、理财、健康、萌宠等人们日常生活与工作的方方面面；每天可以产生200多万个商业需求；“快接单”（快手独家授权晨钟科技运营）商业内容曝光量达上亿人次，如图11-6所示。

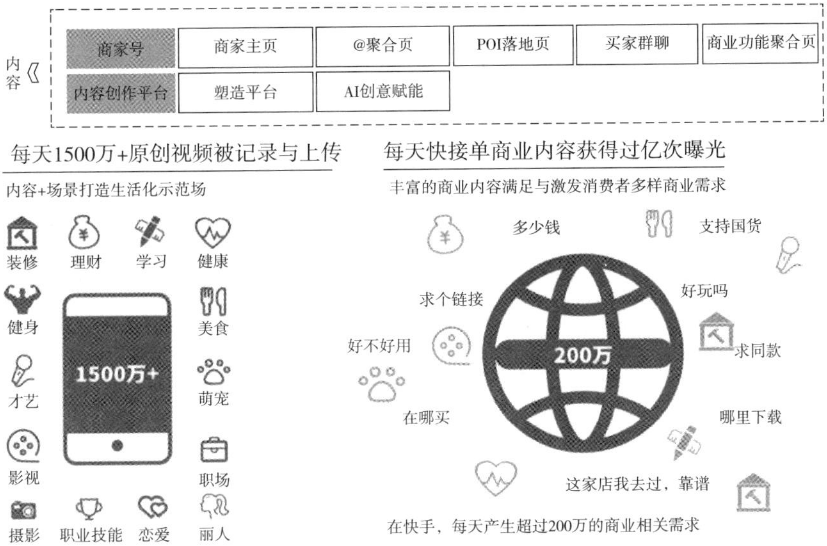

图11-6 快手“磁力引擎”的内容

（3）创意。快手“磁力引擎”借助AI科技推动创意生产，通过创意管理中心（包含创意包、图片库、音乐库、标题库、视频库等模块）与创意灵感库（整合了外部创意素材、快接单创意素材及素造创意素材）等赋能创作者，满足广大用户不断变化的内容消费需求，如图11-7所示。

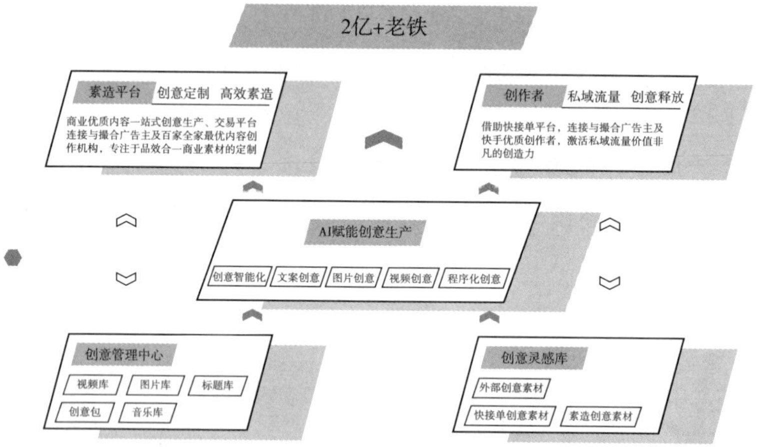

图11–7　快手“磁力引擎”的创意

（4）流量。快手“磁力引擎”建立了公私域流量体系，既有品牌开屏、信息流广告、视频播放页广告、作品推广等公域流量，也有超级快接单、创作者激励计划等私域流量，可以充分满足广告主、自媒体等群体的流量需要，如图11–8所示。

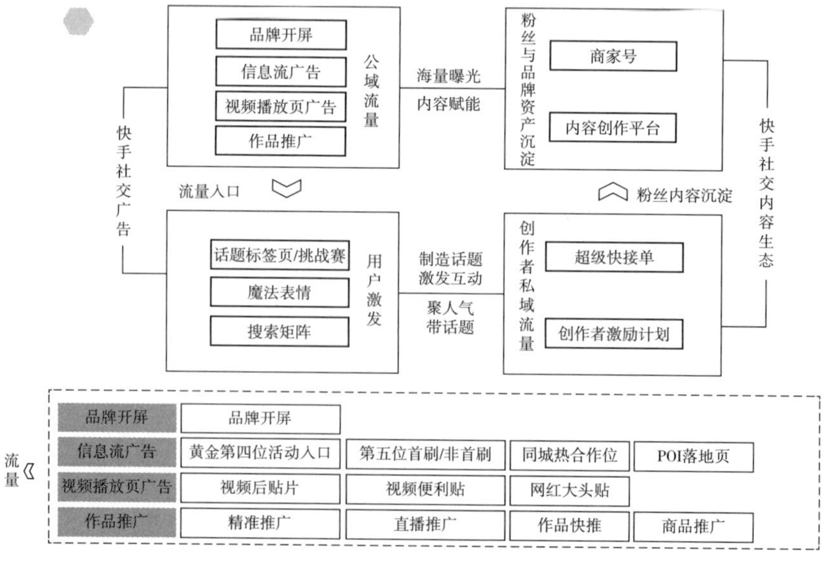

图11–8　快手“磁力引擎”公私域流量体系与产品

为进一步完善平台流量体系，快手还建立了强大的数据中台。该数据中台拥有AI+DA数据定向体系（包含人口属性、设备属性、行为数据、社交关系与兴趣爱好、自定义人群、智能定向等模块），基于快手自有数据及合作伙伴数据，对流量进行研究分析、智能管理，如图11–9所示。

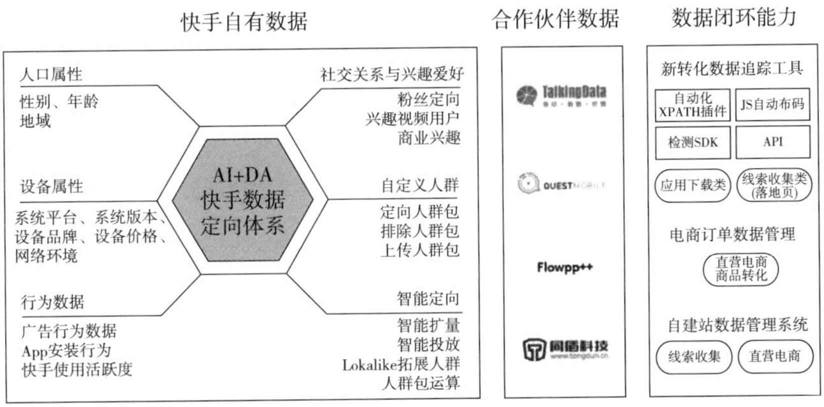

图11–9 快手“磁力引擎”数据中台

◆快手“磁力引擎”的营销价值

在对快手“磁力引擎”有了足够的了解后，我们就要思考快手“磁力引擎”有哪些营销价值？企业和品牌商可以从哪些方面利用快手“磁力引擎”开展营销推广？具体来看，快手“磁力引擎”有3大营销价值，如图11–10所示。

（1）爆品制造。快手是现象级社交平台，庞大的用户基础、良好的内容生态、活跃的用户氛围、沉浸的用户体验催生了大量爆品。品牌商怎样用快手制造爆品？这要从选品、定价、推广等多个维度进行。例如，在选品方面，快手平台交易量较高的产品品类包括食品饮料、美妆、服装、个护清洁等；在定价方面，快手爆品价格通常在100元以下；在推广策略方面，品牌商可以与KOL合作制造爆品，也可以利用自有账号传播推广；等。

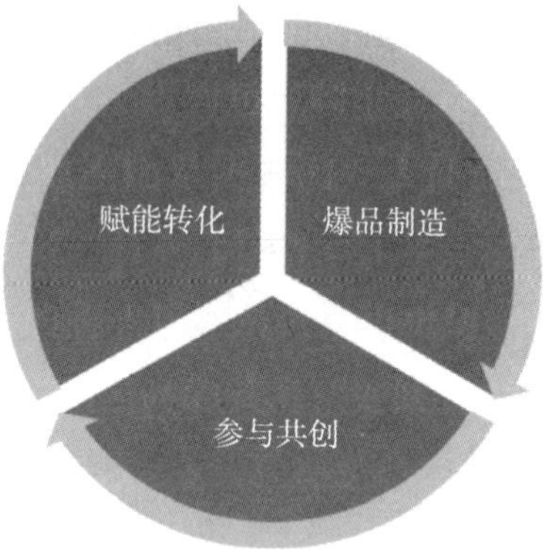

图11-10　快手“磁力引擎”的3大营销价值

（2）参与共创。让消费者参与共创，不仅能让企业与用户实现合作共赢，还能为用户带来参与感、成就感、自豪感等，将用户转化为企业的忠实粉丝。在实践过程中，企业可以从以下两个方面进行操作：

一是爆品参与共创。以麦当劳YE杯爆品参与共创为例，在小YE杯刚上线时，麦当劳联合快手举办了“给我一杯YE”活动，该活动利用魔法表情、快接单、信息流广告、话题挑战赛等多种推广手段，让新品在广大快手用户中快速传播开来，催生了约47.6万条UGC短视频，堪称快手爆品参与共创的典范，如图11-11所示。

图11-11　麦当劳“给我一杯YE”活动

二是内容参与共创。经过多年的完善，快手已经建立了相对成熟的创作者生态，品牌商开展内容参与共创时，可以借助挑战赛、魔法表情、话题标签等多种玩法引导用户创作内容。例如，荣耀与快手平台合作推出“快手舞林大会”话题标签，以及独孤九剑、玉女剑法两个魔法表情，吸引了快手用户广泛参与，累计覆盖人数超过1300万，有效曝光突破1亿人次，如图11-12所示。

图11-12 “快手舞林大会”魔法表情

（3）赋能转化。将快手庞大的流量转化为自身的用户甚至忠实粉丝，是企业开展快手营销的一项重要目标。而快手“磁力引擎”具有强大的赋能转化能力，可以支持企业从内容生产到引流推广，再到交易购买，最后到留存复购的整个链条。以快手预估模型为例，快手提供了预估点击CTR模型、预估转化CVR模型，以及预估深度转化模型（包含付费模型、次留模型、授信模型）等模型对目标用户的行为与决策进行评估，帮助品牌商提高转化效果，并有效控制营销成本，如图11-13所示。

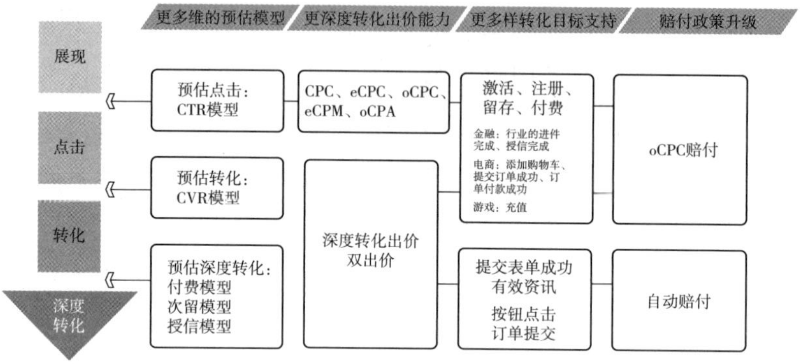

图11–13　快手预估模型

营销指南：挖掘快手平台营销价值

品牌商应该如何利用快手做好短视频营销呢？在回答这个问题之前，我们首先要了解快手短视频营销价值具体体现在哪些方面，这样才能让品牌“对症下药”，低成本、高效率地实现营销目标。

◆快手短视频平台的营销价值

快手短视频平台的营销价值巨大，如图11–14所示。

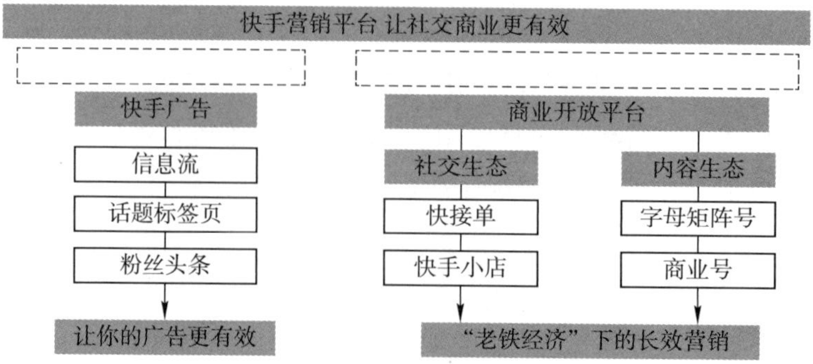

图11–14　快手短视频平台的营销价值

（1）潜力无穷的亿级流量。快手平台用户规模大、忠诚度高、活跃度高，是品牌新媒体营销的重要阵地。经过多年的发展与沉淀，快手吸引了各行业、各领域的人聚集在此，互动交流、分享作品、达成交易等，形成了强大的市场竞争力。品牌商可以在快手找到自己的目标用户，通过有价值的内容吸引他们、与他们建立稳定连接，将其转化为忠实顾客。

（2）用户价值高。快手官方公布的数据显示，快手女性用户占比57.8%，“90后”占比80%，88%的用户是网购用户，分布在三四线城市及以下市场的用户占比超过60%。“90后”是当前的消费主力，购买力强、购物需求旺盛，同时，三四线城市以下市场用户的购物消费仍有较大的空间。因此，快手用户应该是品牌商在未来重点争取的客户群体。

（3）内容+社交+电商。快手平台旺盛的商业交易需求为商户创造了可观的利润。尼尔森在对上百家入驻快手的商户进行调研后发现，可以通过快手直接获得订单的商户占比48%，年收益超过10万元的商户占比42%，平均每条短视频可以创造的收益达1068元。快手为用户创造了多元化的内容消费场景，延长了用户停留时间，增加了用户忠诚度。同时，快手引导达人创作原生内容，借助其与粉丝间的信任关系推动产品销售，释放种草力。所以，快手电商变现既有内容力，又有社交力，对品牌提高营销转化具有积极的促进作用。

（4）完善的快手商业体系。快手建立了一套多层次、立体化的商业体系，可以为品牌提供行之有效的品牌营销解决方案。其中，位于前台的是快手营销平台，位于中台的是快手的各种机制与保障体系，位于后台的是以AI、大数据为代表的先进技术。

◆快手的三大核心产品

（1）快接单。快接单可以帮助品牌安全、高效地与快手达人建立合作，促使品牌实现“千人千面”的精细化营销。在快手平台，品牌可以通过快接单快速、高效地匹配海量优质达人，利用才艺植入、清单种草、使用测评、榜单推荐、科普教程、二次创作、技术流视频等丰富多元的营销玩法，在给用户创造良好观看体验的同时，刺激用户下单购买。

（2）原生信息流广告。原生信息流广告具有呈现内容丰富、广告精准定向、用户点击率高等优势，是快手等各大社交媒体平台正在发力的新型广告模式。利用快手的原生信息流广告，品牌可以快速锁定目标用户，缩短转化周期，进一步提高广告的投入产出比，如图11–15所示。

图11–15　快手原生信息流广告

（3）话题活动。快手话题活动可以让品牌商发起各类好玩有趣的主题活动，吸引目标用户广泛参与。同时，品牌可以与达人合作，由达人创作活动示范短视频，通过设置话题规则及激励机制引导目标用户进行二次创作，让用户获得体验感、参与感的同时，使广告信息实现裂变式传播。

◆快手上火爆的营销玩法

品牌商如何利用快手玩转短视频营销？此处提供三种常见的快手短视频营销玩法，为相关从业者提供参考借鉴（见图11–16）。

（1）产品种草。产品种草的逻辑是品牌商与达人合作，由达人为产品定制创作短视频作品，吸引用户观看与购买，在带动产品销量的同时推动品牌建设。在这类短视频作品中，达人需要强调产品的核心卖点，利用自己在该领域的专业知识与丰富经验为产品背书。

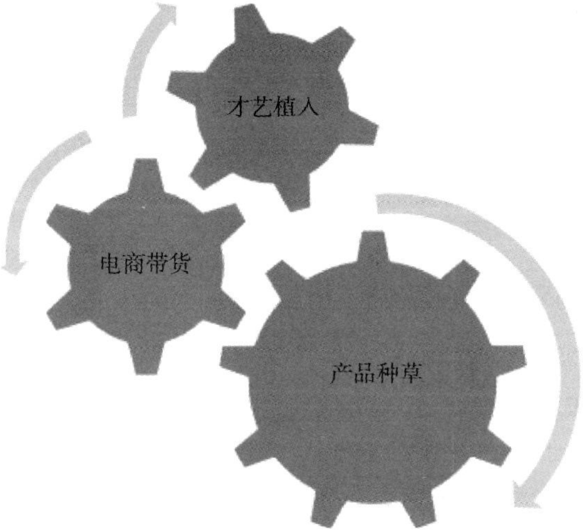

图11-16　快手短视频营销三种常规玩法

在达人的帮助下，品牌可以精准对接目标用户，在短时间内产生营销效果。在食品饮料、美妆护肤、数码3C等行业，品牌利用快手短视频进行产品种草的案例非常多，可以满足品牌新品上市、产品促销等方面的营销诉求。

（2）电商带货。与产品种草相比，电商带货需要品牌做好快手账号运营，定期为用户提供与产品相关的短视频作品，推出线上、线下活动抢占用户心智，沉淀社交资产。一般情况下，品牌要在积累了足够规模的忠实粉丝后向其推荐商品，从而完成变现。虽然这种玩法需要品牌商长期投入大量资源，但积累的粉丝属于品牌商的私域流量，可以为品牌源源不断地创造商业价值。

（3）才艺植入。才艺植入是一种将品牌商的广告信息植入才艺展示短视频中的营销玩法，属于一种软广告。品牌商的广告信息可以借助道具、印在衣服上的LOGO、虚拟人物等呈现在才艺展示短视频中。

【案例】快手&海尔兄弟：传统品牌短视频营销新思考

2018年9月17日，《海尔兄弟宇宙大冒险》在爱奇艺、腾讯视频、芒果TV、咪咕视频等平台上线，这距离“80后”“90后”的童年经典回忆——

《海尔兄弟》动画片首播已经过去了23年。熟悉的人设、熟悉的剧情、熟悉的音乐，这部动画片上线后，引起了很多“80后”“90后”的情感共鸣。在全网引发了热议，尤其是片尾曲《雷欧之歌》中的“雷欧舞”更是登上百度、微博等平台的热搜榜，部分快手创作者拍摄了模仿“雷欧舞”的短视频，获得了巨大曝光。

在新媒体时代，用户不仅是营销活动的受众，更是营销活动的发起者与传播者。很多对《海尔兄弟宇宙大冒险》及“雷欧舞”感兴趣的网民将这些短视频作品转发到微博，并@海尔兄弟官方账号，提议举办一个“雷欧舞”比赛。对于广大网友的热情反馈，重视并尊重用户的海尔兄弟很快便给予了回应。最终，海尔兄弟决定与快手合作推出“海尔兄弟雷欧舞”挑战赛，如图11-17所示。

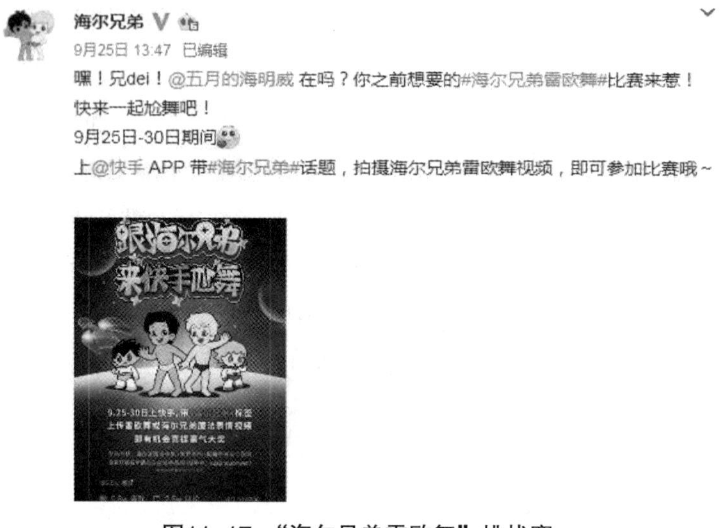

图11-17 “海尔兄弟雷欧舞”挑战赛

为了配合该活动，快手官方上线了海尔兄弟魔法表情，给用户带来好玩有趣的短视频素材的同时，也大幅度提高了海尔兄弟的曝光量。

短视频营销玩法丰富，容易实现裂变传播，已经成为品牌营销的一个主流模式，品牌联合快手、抖音等短视频平台开展营销推广的案例屡见不鲜。此次海尔兄弟与快手合作开展品牌营销充分整合了双方的优质资源，实现了对线上、线下的全面覆盖，这与很多品牌采用纯线上合作的形式开展短视频营销的案例存在明显差异。借助海尔遍布全国的实体店，这个活动短视频在线下获得了大量曝光。

此次“海尔兄弟雷欧舞挑战赛”活动大获成功，累计近万个短视频作品被上传到快手上，总参与人次高达1294万。更关键的是，在活动期间，海尔兄弟在快手上的曝光量直线飙升，相关短视频作品近百万个，总播放人次高达1.3亿，独立IP总点赞量达700万个，如图11-18所示。

图11-18　用户上传的挑战赛短视频

◆传统品牌如何拥抱新潮流

传统品牌因为缺乏互联网基因，在转型过程中很容易出现一系列问题。互联网企业因为流量红利消失、资本环境趋冷陷入变现焦虑，双方携手可以取长补短，实现互惠互利、合作共赢。例如，传统品牌可以发挥线下渠道优势，利用实体门店的优质体验获得消费者认可；而互联网企业不仅可以提供海量流量，还拥有丰富的线上运营技巧与经验。

近几年，腾讯、阿里等互联网企业与传统品牌积极合作，通过线上与线下联动加快流量变现。海尔等传统品牌也积极利用互联网平台连接消费者，为品牌注入更多活力与生命力。

短视频作为移动互联网时代的流量主战场之一，已经在该领域建立绝对领先优势的快手无疑是品牌争相合作的对象。所以，背靠海尔集团的海尔兄弟选择与快手合作是一件再正常不过的事情。

那么，快手与海尔兄弟合作发起的雷欧舞挑战赛对传统品牌玩转短视频营销有哪些宝贵的经验与启示呢?

（1）怀旧营销引发情感共鸣。很多时候，人们的消费属于感性消费，而引发用户情感共鸣正是刺激感性消费的有效手段。无论是PC互联网时代，还是移动互联网时代，怀旧营销案例随处可见。近几年，各大互联网平台出现了很多以怀旧为主题的营销活动，如晒父母老照片、晒童年照片、晒学生照片等。

怀旧营销往往可以吸引网民广泛参与，一方面，网民参与门槛很低，只需要找到一些类似照片的素材即可；另一方面，回忆并无好坏之分，每个人的经历都与众不同，非常契合人们的个性化表达诉求。传统品牌有多年的发展经验，往往能和人们的童年关联起来，在怀旧营销方面具有先天优势。

海尔兄弟动画片是很多“80后”“90后”童年的经典记忆，即便该动画片已经完结了很多年，但由于海尔兄弟两个卡通人物在人们心中留下的印象太深刻，仍有很多网友以表情包、图片等形式在各类社交媒体对其进行传播推广。在这种背景下，《海尔兄弟宇宙大冒险》在爱奇艺等平台上线后，立即吸引了大量“80后”“90后”观看、传播，造就了“海尔兄弟雷欧舞挑战赛”这一经典的营销活动。

（2）为传统品牌形象融入新元素。随着时代发展，品牌形象也需要融入新元素，这样才能确保其持续吸引用户。此前，海尔兄弟动画片片尾曲《雷欧之歌》中并没有“雷欧舞”内容，是制作人员考虑到移动互联网时代媒体语境在《海尔兄弟宇宙大冒险》中新增的，让这部动画片有了新的传播点。“雷欧舞”短视频上传到快手之后，吸引了大量舞蹈爱好者进行二次创作，包括幼儿园版、大学版、肚皮舞版、中国风版在内的各种版本的“雷欧舞”在快手平台大量涌现，使海尔兄弟这一传统品牌焕发出新的生命力。

快手达人的积极参与也为此次活动的成功提供了强有力的支持。例如，“僵小鱼”结合《雷欧之歌》歌词创作了短视频；“一禅小和尚”创作了“雷欧之舞”短视频。除了这两个动漫达人外，很多手工艺达人也参与了此次活动，例如，绘画达人生动形象地描绘了海尔兄弟形象、魔方达人用魔方拼出海尔兄弟四个字、叶雕达人在树叶上雕出海尔兄弟形象等，如图11-19所示。快手达人自带高流量，其创作的优质短视频作品，都为此次活动的传播推广带来了巨大推力。

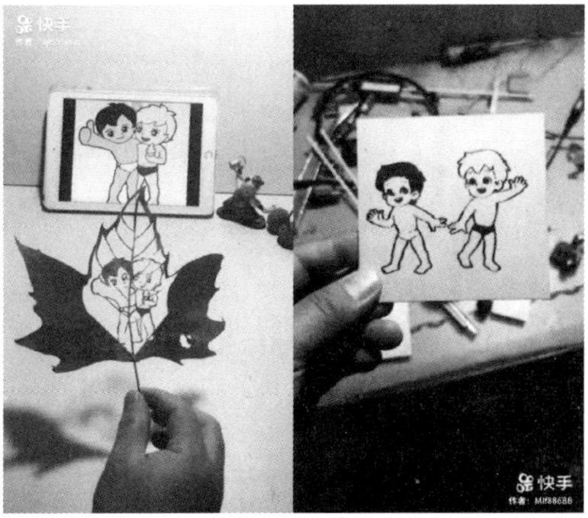

图11-19 快手手工艺达人的创作

整体来看，经过多年的积累，以海尔为代表的诸多传统品牌在用户心中留下了良好印象，为短视频营销带来了诸多便利。在开展短视频营销的过程中，传统品牌要在发挥其品牌知名度等优势的同时，为传统品牌形象融入新元素，给营销活动制造时尚潮流、新鲜有趣的传播点，让营销内容覆盖更多目标用户，传播效果实现最大化。

第12章

内容营销：爆款内容运营实战

快手营销的4大模式

虽然快手上线已有几年时间，但因为一直没有在商业领域布局，所以一直被品牌冷待。近两年，随着快手平台的流量越来越多，商业化进程不断加速，越来越多的品牌开始关注快手，尝试借助快手平台开展营销活动，引流变现。经实践总结，品牌快手营销可用的模式有4种，如图12-1所示。

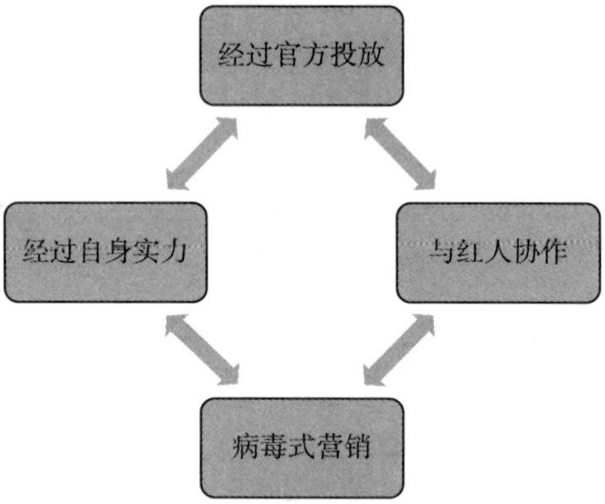

图12-1 品牌快手营销的4大模式

◆经过官方投放

官方投放有四种最常见的方法，分别是开屏广告、信息流广告、原生广告推荐、活动主张，门槛相对较高。这种方法的优势在于品牌曝光度高，目的性比较强，可以直接看到效果；其缺点在于价格高，一次投放至少需要20万元，再加上广告费，成本不低于30万元。这种方法比较适合稀缺性产品使用，无论实际转化效果如何，产品曝光度一定不错。

◆与红人协作

与红人协作就是品牌根据自己的产品调性选择快手红人，根据红人的粉丝规模开展营销活动，利用粉丝效应完成引流变现。这种方法的优点在于互动性强，用户点击率高，可以刺激用户产生二次传播，提高品牌在快手用户心目中的好感度。与红人协作的价格要比官方投放低很多，如果按照0.03元/位粉丝来计算，假设合作红人的粉丝数量是100万，一次投放价格为3万元。这种方法的缺点在于因为快手比较注重“陌生人推荐”，导致达人粉丝不一定能看到达人发布的所有内容。再加上达人对品牌、产品的了解程度有限，制作内容的思路不一定恰当。所以，品牌与红人协作开展快手营销需要自带构思，最好现场跟进制作，以保证营销效果。这种方法的应用效果在很大程度上取决于协作红人的粉丝规模。

◆病毒式营销

病毒式营销指的是站在路人的视角拍摄产品短视频，如果短视频能在平台爆红，就能引发产品销售热潮。这种营销方式具备“与红人协作”方式所有的优点，而且价格更低。缺点在于没有达人自带的初始流量，对短视频创意、构思提出了较高的要求。之前非常火爆的“答案奶茶”“兔耳帽子”等产品采用的就是这种营销模式。品牌用这种方法开展快手营销也能取得不错的效果，例如，慕思寝具制作的“帮客户把床垫从1楼搬到29楼”的视频就获得了10万+的点赞。

◆经过自身实力

品牌自行注册快手账号，通过运营积累粉丝，引导粉丝购买产品，完成流量转化。只要品牌的运营团队足够强大，这种方法不仅可以带火产品，还能带火整个品牌。随着流量价格越来越高，这种方法可以为品牌省下一大笔营销费用，而且品牌积累了属于自己的粉丝之后，无论销售什么产品都自带情感，转化率更高。另外，相较于微博、微信等平台，快手还存在流量优势，品牌IP打造的成功率更高，可施展的空间也更大。这种方法的缺点在于对内容创意的要求较高，如果运营团队没有好创意，就需要专业团队提供辅助。

现阶段，这种方法的应用范围最广、频率最高。只要品牌找准定位，形成系统化的运营思路，长期坚持，一定可以积累一批属于自己的粉丝。完成粉丝积累之后，流量转化、购买变现就变得顺理成章。

内容营销的3大套路

日前，整个营销市场上的流量之争已经进入存量市场争夺阶段，形势越发焦灼，营销手段越发多样，用户吸收壁垒不断提升。想要打破这一壁垒，内容营销是最强有力的武器。内容营销的优势有很多，主要体现在3个方面，分别是内容价值、传播价值和品牌价值，其基础在于对用户进行深入洞察。

快手的产品定位是国民品牌，以大数据及人工智能等技术为依托，对中国市场、中国用户有着非常深刻的了解。正因如此，快手才能在当前竞争异常激烈的市场环境下，凭借独特的内容营销成为短视频营销的主力军。在实际应用中，快手的内容营销有3大套路，如图12-2所示。

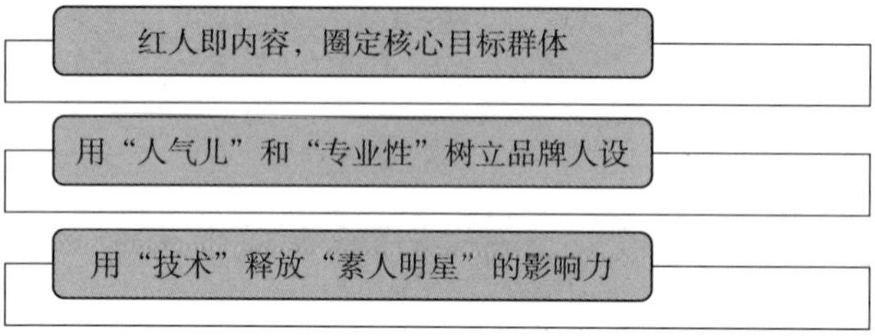

图12-2　快手内容营销的3大套路

◆红人即内容，圈定核心目标群体

在快手平台，大部分用户都是基于自己的社交需求，不带功利地分享自己的生活与体验，形成了独立且真实的人设。这些用户通过对生活中各个场景的真实触达引发广泛传播，产生了更大的内容传播价值。

例如，联合利华旗下的调味品家乐辣鲜露在快手平台发起了一场以“谁先辣到你”为主题的内容营销活动，锁定了5名拥有大量粉丝的快手美食红人——阿菜美食雕刻、鱼香婆婆、小宁哥哥、薇薇欧尼、东北美食哥，让他们根据自己的特点为这款产品定制内容，通过内容营销向用户展现厨师的专业能力以及热辣的市井生活，引起了大量爱好美食的用户的共鸣。该活动上线一周就吸引了835.6万人参与，平台出现了1067条UGC原创短视频，获得了27.99万“喜欢”。

这场活动完美地展现了“红人即内容”这一核心逻辑。在快手平台，红人创作的内容可以在极短的时间内吸引大量用户围观，这些用户从围观到参与，再到自发传播，形成了强大的社群效应，给品牌带来了超高的互动与转化，体现了快手在内容营销领域的独特之处。

◆用“人气儿”和“专业性”树立品牌人设

品牌开展内容营销的核心在于树立品牌人设，想要做到这一点，品牌必须将自己定位为“用户身边的好友”，为用户提出合理、专业的意见与建议，与用户形成亲密的社交关系。例如，快手账号“烟台鸿发凯迪拉克”专门制作“全网最牛的汽车情景剧”，利用各种段子向用户传播汽车方面的专业知识，树立了专业、接地气的人设，吸引了一大批喜欢汽车的潜在用户。

快手账号“魅蓝——青年良品”借助“讲真话”“简单点”“我就是很红”等UGC内容将魅蓝打造成了一个“青年红人”，吸引了一大批粉丝。由此可见，品牌想要在快手平台获得用户认同，必须将自己打造成红人，与用户亲密互动，获得用户的认可与好感。

魅蓝的快手粉丝自主参与官方账号发起的活动，获得了广泛关注，进而吸引了更多普通的内容创作者加入魅蓝UGC阵营，实现了更大范围的传播与转化。凭借这一效应，魅蓝官方账号在极短的时间内积累了100万+的粉丝。为做好内容营销，魅蓝快手账号打造了内容营销矩阵，让品牌与用户建立强关联。在这个过程中，通过用户一对多传播，魅蓝快手账号积聚了更多流量，品牌也找到了与用户开展情感互动的渠道，进一步拉近了与受众的距离，获得了用户的广泛认可。

◆ 用“技术”释放“素人明星”的影响力

快手利用大数据、人工智能等技术建立了内容平台的精准定向能力，可以实现“红人粉丝”定向和“视频标签”定向，使数亿用户与数十亿视频实现精准匹配。快手利用人工智能算法对内容进行精准推送，让内容与用户实现精准匹配，使内容传播量、曝光量与用户参与度均得以大幅提升。

素人明星在快手平台的推广行为都达到了超出预期的效果。以快手红人“上官带刀”为例，这个账号的粉丝数量超过了2000万，推广快手小游戏的短视频播放量超过了500万，获得点赞26万+，与粉丝互动几万次，从简单的单项曝光与浅层次信息传递发展为双向沟通和深度影响，转化效果出人意料。

作为一个内容价值开放性平台，快手一直坚持“普惠”价值观，深入理解用户，帮品牌识别用户的商业价值，使内容实现快速扩散，最终实现成功营销。在快手平台，这样的营销案例数不胜数。

现阶段，受众对品牌的营销套路已十分熟悉，再加上流量红利日渐式微，传统品牌早已无法开展自嗨式营销。作为短视频营销领域最好的商业形态，可实现视听一体化的内容营销，可以让用户对内容产生更真切的感知，进而引发情感共鸣。

在后流量时代，快手引领的内容营销分散了大量注意力，释放出更大的商业价值，成为品牌与用户沟通互动的最佳方式。

借势热点：引爆内容传播

通过借势热门事件，一些商家掀起了营销热潮。在快手平台的一些热门事件中，可以非常容易地发现品牌营销的痕迹。在人人关注事实热点的互联网时代，品牌借热点开展营销活动可以获得丰厚的回报。那么，面对实时更新的海量热点，品牌究竟应该如何借热点策划一场成功的内容营销活动呢？

◆热点梳理、筛选

互联网时代每天都有海量热点涌现，对于品牌营销来说，不是所有的热点都需要关注。为了保证内容营销效果，内容营销人员要对热点进行筛选，找到最有价值的热点，全方位打磨，让其作用在最大程度上发挥出来。

（1）热点梳理。从整体来看，热点可以分为两类：一类是常规性热点，如各种节假日、考试、比赛等；另一类是突发性热点，如自然灾害、明星爆料等。品牌想要做好内容营销，最好选择常规性热点，因为这类热点比较固定，可以提前规划，然后可以在此基础上兼顾突发性热点。

（2）评估热点级别。初步筛选出可用的热点之后，运营人员可以对热点的优先级进行评估，确定哪些热点需要投放更多资源与精力，哪些热点不需要重点关注。评估热点级别的依据主要是影响力、用户指数及热点与品牌的关联度。如果热点的影响力强、与品牌的关联度高、用户指数高，就是一个核心热点，需要重点关注；反之，就是次级热点。

◆热点需求分析

选定热点之后，运营人员需要对热点做进一步分析，根据分析结果确定专题或话题。热点分析包括3大环节，分别是舆情分析、受众分析和话题拟定，如表12-1所示。

表12-1 热点分析的3大环节

热点分析的环节	具体内容
舆情分析	大家的关注点都有哪些？一个热门事件出现之后会出现很多议题，哪些议题最受关注，这是内容营销人员必须考虑的问题
受众分析	都是什么人在关注？不同维度的议题会吸引不同的群体关注，例如，“世界杯”这个热点就有很多不同的议题，如“冠军分析预测”吸引的是资深球迷、“最帅球星榜”吸引的是女性观众。内容营销人员要根据品牌或产品情况选择合适的议题
话题拟定	根据上述分析结果，结合平台特性及品牌或产品情况选择合适的议题

◆内容分发与组织

拟定话题之后，内容营销人员要做好内容分发与组织工作。

（1）分发：用户路径中哪些节点可以利用？

内容型产品的用户可以分为两大类型，一种是闲逛型用户，另一种是目标明确型用户。其中，闲逛型用户没有明确的目标，经常在平台随意浏览内容，会根据平台推荐或排行榜选择内容类型；目标明确型用户会主动搜索自己想要的内容，不会随意浏览浪费时间。

（2）组织：各节点怎样组织内容可以更好地被消费？

在快手平台，内容分发与组织要根据投放渠道与推荐位的特征来规划。如果是首页的banner位，内容运营人员要重点关注推荐图与文案，精心打磨以吸引用户；如果是搜索位置，内容运营人员要重点关注推荐文案，直击用户需求，引导用户点击观看。

◆效果跟踪与优化

内容发布之后，品牌运营人员要对内容发布效果进行持续跟踪，做好内容优化。

（1）假设效果没有达到预期，那么问题出现在哪里？

品牌在快手平台做内容营销，即便前面几步都完成得很好，也有可能会出现运营效果不佳的情况。因为在实践过程中，有很多因素会影响到最终的运营结果，无法保证所有有效的运营行为都能产生好的结果。如果结果不理想，运营人员要对相关因素进行优化，尽可能地提升运营效果。

（2）假设效果比较理想，应该如何让效果最大化？

如果运营效果比较理想，运营人员可以围绕热点拓展更多内容，增加相关内容的数量，让运营效果实现最大化。或者可以将内容转化成其他的形式，利用其他渠道进行分发，以提高内容的曝光率。

综上所述，品牌借热点开展营销活动是一个连贯的过程，上述环节缺一不可，否则很有可能导致运营效果不佳，造成资源的极大浪费。

创作者投放：保证营销效果

根据粉丝规模，快手平台上的内容创作者可以分为不同的等级：粉丝量不足10万的KOC；粉丝量高于10万不足100万的尾部账号；粉丝量高于100万不足300万的腰部账号；粉丝量高于300万不足1000万的肩部账号；粉丝量高于1000万的头部账号。品牌要想让内容营销发挥出应有的效果，必须合理选择内容创作者。

◆各粉丝量级创作者组合投放建议

粉丝量超过1000万的头部账号多为快手原生红人，他们的互动性强、直播带货能力强，可以在极短的时间内帮品牌提升影响力，制造话题，实现大范围传播与扩散。

粉丝量高于300万不足1000万的肩部账号，相较于头部账号来说，他们的内容种类更丰富，粉丝画像更清晰，可以持续生产优质内容。对于品牌来说，这类红人的投放价值最高，可以作为话题引爆的主力。

粉丝量高于100万不足300万的腰部账号，是快手平台成长速度最快的KOL，大多出自专门的机构，内容垂直度极高，善于从专业视角挖掘产品卖点，增强用户对品牌的信任，可以作为发酵话题、持续提升影响力的口碑担当。

粉丝量高于10万不足100万的尾部账号存在较大的变数，有可能因为一个爆款短视频实现快速增长，也有可能因为后续内容创作乏力导致增长停滞。但因为粉丝数量比较少，可以与粉丝靠得更近，还能通过“内容+直播”与目标用户进行一对一沟通，实现更好的转化。

粉丝量不足10万的KOC账号，虽然影响力比较小，但能够从消费者角度体验晒单产品，拉动消费，种草能力非常强，在营销传播的收尾环节拥有不可替代的价值。

◆投放节奏把控建议

与微博、微信的KOL投放不同，快手KOL投放要秉持快、准、狠的原则，一旦发起就“不要停、不要断、不要慢”，只有深化传播才能完成深度转化。在不同阶段，KOL投放要采取不同的策略，如表12–2所示。

表12–2　不同阶段的KOL投放策略

投放阶段	具体操作
投放初期	品牌可以进行测试投放，尝试在多个垂直内容领域进行投放，从粉丝互动、购买转化两个维度确定内容类型。例如，初期确定“美妆”类内容，具体如如何消除闭口、如何去除黑头等，进行初期议程设置
第二阶段	选择美妆领域的KOL进行集中投放，并根据KOL的风格进行创意解读，对各个圈层的用户进行全方位渗透，找到活跃度最高的用户群体
第三阶段	对高活跃群体最感兴趣的内容进行深入分析，从精准投放转变为广泛传播，寻找新型圈层的代言人。如从投放美妆达人发散为投放与美妆相关的情感、母婴、时尚、生活方式等领域的达人，从这些达人出发，投放用户更普遍的泛娱乐类KOL或明星，保证投放群体的稳定性，实现可延续、可复制投放

◆内容玩法的组合建议

在快手平台，将短视频与直播组合在一起，先利用短视频“种草”，然后再通过直播卖货，才能在最大程度上发挥内容营销的价值。

对于品牌来说，快手KOL的价值绝不止带货那么简单，它可以通过“内容+直播”沉淀私域流量，然后通过原生视频将品牌信息转化为粉丝喜欢的语言，将粉丝转化为品牌的私域流量，在提升产品销量的同时，让品牌得到高度认同，在各种决策场景中发挥消费提示与消费唤醒的作用，做好品牌力建设。

为了帮助品牌主找到最有价值的内容创作者，卡思数据研发了一套全方位评定快手红人商业价值的指标，如图12-3所示。

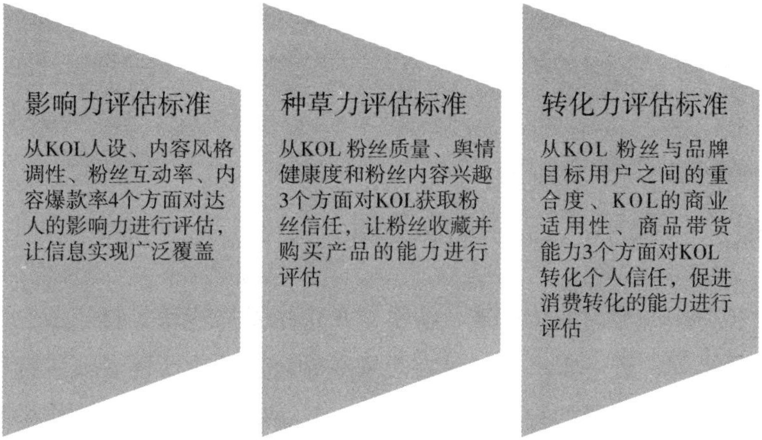

图12-3 快手红人商业价值评定指标

第 13 章

广告营销：转化变现的最短路径

精准投放：快手广告的投放逻辑

自2017年加速商业化以来，快手紧跟市场发展步伐，打造了一个多元化的产品矩阵，进一步巩固了其在短视频领域的地位。随着流量资费不断上涨，拥有庞大流量的快手平台成为众多品牌心驰神往之地。作为品牌营销的一个策略，快手广告投放汇聚了众多目光。具体来看，品牌在快手平台投放广告需要注意哪些问题呢？

◆快手广告投放方式

快手广告投放方式有3种，如图13-1所示。

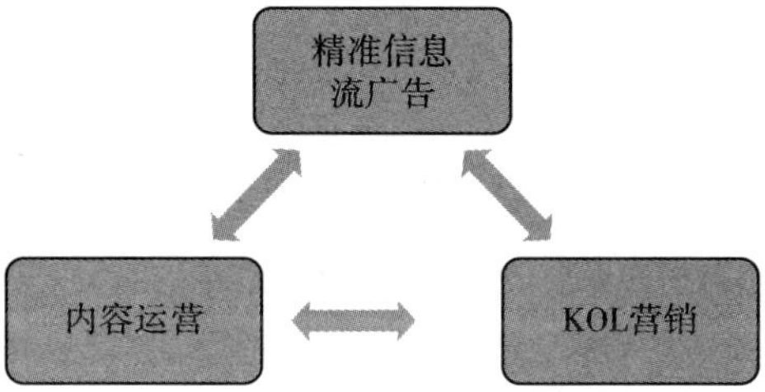

图13-1 快手广告投放的3种方式

（1）精准信息流广告。利用大数据对目标用户群体进行分析，根据用户画像定向投放，通过广告付费达到品牌曝光及营销引流的目的。

（2）KOL营销。品牌在快手平台寻找符合产品调性的KOL，利用他们在快手平台的影响力开展营销活动，一边触及KOL背后的粉丝群体，一边做深度的品牌营销。

（3）内容运营。品牌在快手平台树立统一形象后，借助持续的信息传播与粉丝积累达到宣传推广的目的。

◆快手广告投放的逻辑

（1）精准信息流广告。信息流广告的投放逻辑非常简单，就是花钱买流量。近几年，线上竞争愈演愈烈，流量价格越来越高。以淘宝平台为例，淘宝网首页广告位收费标准如下：大图轮播板块为25万元/天，大图轮播右侧静止小屏广告为12万元/天，大图轮播下面的广告位点击转化界面广告为10万元/天。如此高昂的费用不是一般商家可以承担的，于是，越来越多的商家开始寻找新的流量渠道。

作为一个新兴的超级平台，快手拥有非常明显的流量红利，流量资费也比其他平台低很多。在这种情况下，快手就成为品牌主投放广告的不二之选，广告主希望借助大数据实现精准曝光。

（2）KOL营销。KOL的投放逻辑是先在快手平台寻找适合品牌或企业的KOL，评估其粉丝与品牌的目标用户群体是否一致，然后邀请KOL为品牌做专题直播，借助KOL的影响力销售产品，完成流量转化与变现。或者，品牌或企业直接将创意短视频交给KOL，请KOL利用私域流量进行宣传，达到广而告之的效果。

（3）内容运营。内容运营的逻辑就是通过持续生产优质内容吸引粉丝，进而达到宣传的目的。如果品牌选择内容运营，就要安排专人或者组建专门的团队进行维护管理。内容运营对运营人员的要求比较高，要求运营人员可以自主搜集素材，完成短视频制作，进行广告创意与策划等。

◆快手广告收费方式

（1）精准信息流广告。快手精准信息流广告的收费方式有4种，分别是CPC、CPM、OCPC、CPA。CPC指的是精准点击收费；CPM是按照千次展示曝光量收费；OCPC采用的是目标转化出价模式，在获取更多流量的前提下提高转化完成率；CPA指的是按照表单收费的方式进行收费。

快手CPC的收费标准为：安卓用户0.1元起，IOS用户0.2元起，按照视频封面点击计费，20分钟内重复点击计费一次。每次计费点击价格=下一次出价×下一次的质量度/自己的质量度+0.01。相对来说，这是性价比最高的一种收费方式。

OCPC以封面点击计费，可以保证行为点击成本达到目标值，目前仅部分安卓用户可以使用。

（2）KOL营销。KOL营销的收费比较高，如果采用电商直播带货，品牌与KOL的合作方式就是抽成合作，例如，三七抽成，品牌为70%，KOL为30%。如果KOL的带货销售额为1亿元，活动结束，品牌要支付3000万元的报酬。虽然这种方法的带货效果最好、最直接，但费用相对较高，非实力强大的品牌不可承受。

（3）内容运营。内容运营的价格很难估算，需要专业的团队进行操作。如果品牌或企业找不到合适的人选，不建议采用这种方式。但品牌可以在快手平台注册一个账号，持续发布一些信息动态，慢慢积累粉丝，摸索转化变现路径。

信息流广告：提升品牌曝光效果

2017年，快手推出信息流广告，经过持续优化、升级、投放，快手积累了海量用户数据，广告投放也变得更加精准，投放效果得到了大幅提升。

相较于传统的搜索类广告来说，快手信息流广告的推广方式比较独特。传统的搜索类广告采用的是“用户找商家”的模式，也就是用户输入关键词进行搜索，看到商家发布的广告，然后根据自己的喜好选择合适的商家。快手信息流广告是根据用户行为，利用大数据算法对用户的潜在需求进行判断，为用户标注标签，然后根据标签有针对性地投放广告，提升产品曝光率，获得目标用户群体的关注。

◆快手信息流广告的位置

快手信息流广告位于“发现页”每次刷新的第5个或第6个视频位，即用户每次打开快手App或者每次下拉刷新的时候，广告会出现在第5个或第6个视频中。快手信息流广告的位置之所以不固定，主要是因为视频封面大小不一致，广告展现位次要根据版面需要进行调整。需要注意的是：

第一，虽然信息流广告会出现在第5个或第6个视频位，但不是每次刷新都能看到广告。广告是否出现，什么时候出现，由后台根据算法确定。

第二，为保证广告效果，新注册的快手账号7天内不被推送广告。因为对于新用户，平台获取的信息相对较少，很难对其进行精准定位。随着用户使用App的时间越来越长，平台获取的用户信息越来越多，就能精准把握其潜在需求，为商家提供更有效的广告服务。

◆信息流广告的投放策略

为保证信息流广告的投放效果，品牌必须做好4件事，如图13-2所示。

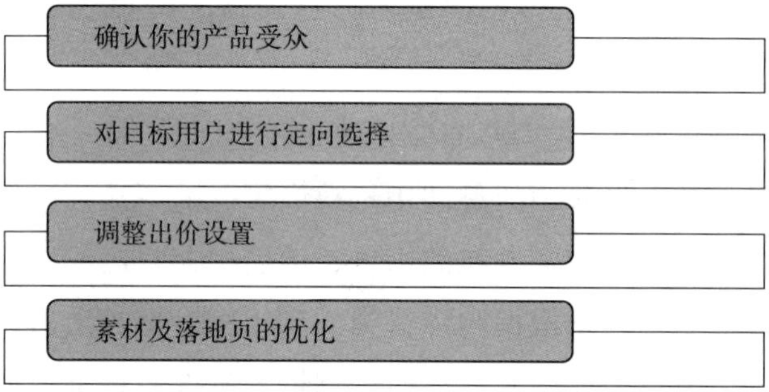

图13-2　信息流广告4大投放策略

（1）确认你的产品受众。品牌在投放信息流广告之前，必须明确产品的目标用户及潜在目标用户，绘制精准的用户画像。如果销售的是大众消费品，用户需求很容易得到激发。在此情况下，品牌可以选择投放CPM形式的信息流广告。

（2）对目标用户进行定向选择。在投放信息流广告之前，品牌要对目标用户进行定向筛选，通过用户调研、行为特征分析等方式确定目标用户的性别、所在区域、兴趣爱好等，将其归入不同的用户类型，确定不同的受众定向，制定精准的推广策略。

（3）调整出价设置。哪种信息流广告的推广效果最好，是通过不断摸索、实践得出的。至于信息流广告的出价，因为对广告曝光量有着直接影响，如果一开始不清楚出价范围，可以通过数据对比，结合广告点击率、平均点击价格、广告位置等进行灵活设置，找到最合适的出价值。

（4）素材及落地页的优化。除出价外，广告内容也对信息流广告的曝光率有着直接影响。为了找到最合适的内容与素材，品牌可以每隔2～3天更换一次素材，通过数据反映找到效果最佳的素材。通过持续更换与观察，运营人员就能发现一些规律，对受众喜好、心理有一定的了解。

◆信息流广告投放建议

（1）区域性品牌以及想要拓展三四线城市及以下市场的品牌，应该加快布局快手。快手在三四线及以下市场覆盖率极高，区域性渗透能力强，而且用户主要是年轻用户，堪称品牌营销的战略性渠道。快手平台存在大量中腰部账号，受“普惠式”算法的影响，这些账号也有很多曝光机会。区域性品牌以及想要拓展三四线城市及以下市场的品牌可以与这些账号合作，实现低成本的营销推广。

（2）基于“老铁经济”的达人种草带货更容易让品牌商实现预期的营销目标。快手达人与粉丝是先建立社交关系，产生情感联结后，再向粉丝推荐商品变现。这种独特的“老铁经济”确保了用户的高黏性，赋予快手达人强大的种草力。因此，品牌商在与达人合作开展营销推广时，可以采用达人种草带货模式，让达人创作生活化、接地气的种草短视频，为品牌做营销推广。

（3）品牌商应该避免盲目选择头部达人合作。很多品牌商特别是有实力的品牌商在做营销推广时，更倾向于和头部达人合作。在他们看来，头部达人一呼百应，能为品牌带来巨大的传播声量。但对于很多品牌来说，选择与头部达人合作的性价比相对较低。头部达人确实能带来大量曝光，但这类达人数量少，导致品牌的选择空间较小，成本较高。此外，快手的算法不向头部达人倾斜，会在一定程度上降低品牌商的投入产出比。

而腰部及尾部达人数量多，品牌可以选择的空间很大。同时，腰部及尾部达人的商业化合作较少，更加珍惜与品牌合作的机会，会更加积极地配合品牌工作。此外，腰部及尾部快手达人要价低，可以极大地降低品牌的合作成本。因此，在与快手达人合作时，品牌不要盲目选择头部达人。很多时候，腰部及尾部达人才是品牌更优质的合作对象。

直播引流：带货直播投放3要点

在快手平台，直播带货已经成为一条非常重要的变现渠道。品牌想要利用这种方式吸引流量，完成转化变现，首先要选择一个合适的主播，其次选择投放时间，最后确定产品调性，只有做好这3个方面，才有可能投放一场靠谱的带货直播。

◆合理选择主播

品牌选择主播时要对以下4大内容进行全面考虑（见图13-3）：

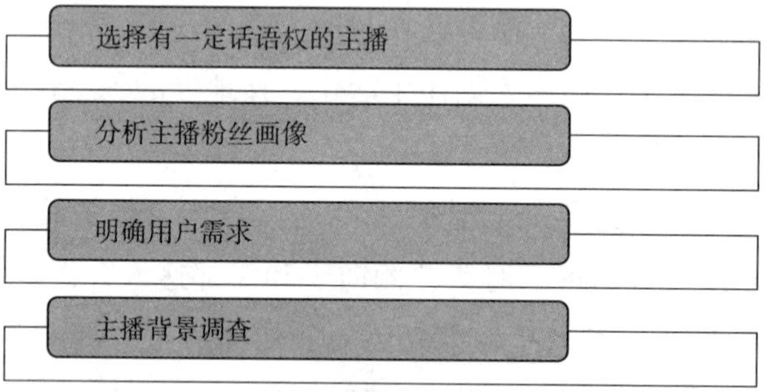

图13-3　品牌选择主播的4大标准

（1）选择有一定话语权的主播。快手平台注重私域流量，主播之间存在一种默契，即如果A主播在某个时间段开直播，其他主播会自动为其“让路”。例如，快手红人“散打哥”要在3月8日上午10点做活动，他会与排名前30的主播协商，让他们选择其他时间段直播，将10点这个直播时间的流量让给自己。

因为快手用户对直播的依赖程度非常高，如果同时段只有“散打哥”在直播，平台流量会流向哪里自然不言而喻。通过这种玩法，主播可以在短时间内获得平台的半壁流量，极大地提高转化变现效果。

因此，品牌要寻找在快手平台具有一定话语权与影响力的主播与其合作，因为主播的话语权越高，为他“让路”的主播就越多，直播期间获得的流量也就越多。

（2）分析主播粉丝画像。品牌在选择主播时要考虑主播调性与自身调性是否相符，以免吸引到的流量并非自己的目标受众，导致资源浪费。这就涉及粉丝画像问题，如粉丝的性别、年龄、消费层次、消费需求与喜好等。为保证分析结果科学、合理，品牌要结合数据进行分析，以免造成误判。

（3）明确用户需求。很多品牌寻找主播时都想要寻找内容相契合的主播，如美妆产品寻找美妆主播、零食小吃寻找美食主播。其实，品牌可以根据用户需求转换思路。例如，某品牌想推销一款红糖，经分析得知这个产品的受众是25～45岁的女性。这些女性不一定在女主播的直播间，还有可能在男主播的直播间。品牌可以据此选择一个合适的主播。

（4）主播背景调查。为避免主播违约，钱到账之后就被拉黑的情况发生，品牌在选择主播时必须对主播的背景进行详细调查。其实，了解一名主播的信誉情况非常简单，只要在运营圈或机构群发起提问，就能获得大量信息。除此之外，品牌还可以结合主播之前的直播数据对其信誉度进行判断。总而言之，主播投放不要盲目，以免蒙受巨大损失。

◆选择投放时间

在选择直播时间时，品牌要考虑3点内容，如图13-4所示。

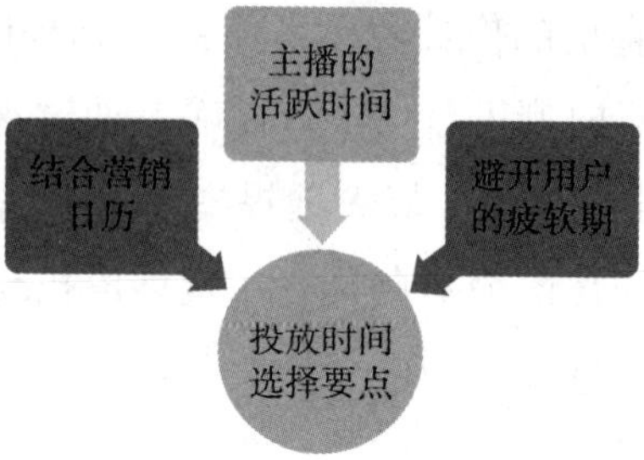

图13-4 直播投放时间选择的3大要点

（1）结合营销日历。品牌投放快手直播要看营销日历，因为一些热门时间段大主播纷纷开播，平台流量会分散到各个直播间，单个直播间能够获得的流量十分有限。另外，节假日期间，上班族休息，有大段时间可以观看直播。如果品牌选择在这个时间点开展带货直播，同样的价格可以获得更多流量。所以，为了使投放的资金发挥最大效用，品牌要结合营销日历选择直播投放时间。

（2）主播的活跃时间。对于有意愿投放快手直播的品牌来说，主播的活跃时间非常重要。快手直播分不同的时间档，主播要按规定在不同的时间段直播。所以，品牌最好选择一个热门时间段，利用壁虎看看、炼丹炉等软件查找主播的活跃时间。

（3）避开用户的疲软期。用户活跃度对品牌来说非常重要，如果一名主播一个月做了15场活动，那么他的粉丝一定被过度消费，不适合投放。所以，品牌在选择主播时尽量不要选择每天都做带货直播的主播，要尽量避开用户的疲软期，保证转化效果。

◆确定产品调性

（1）产品有品牌力吗？如果品牌在市场上已经具备了一定的声望，供应链非常完善，在与主播商谈合作时就拥有了较强的话语权。反之，如果是新品牌，在与主播商谈合作时要想方设法展现自己的优势，包括产品质量优势、价格优势、供应链优势等，让主播树立信心，从而达成合作。

（2）能否接受"坑位费+佣金"的形式？有些主播对产品价格有比较严格的要求，如直播间的价格不能比市场价格高，如果直播间价格与市场价格一样，必须从其他地方给粉丝一些优惠等。还有一些主播会利用"坑位费+佣金"的方式与品牌谈判，品牌可以压低"坑位费"，但必须提高"佣金"，让主播有利可得。在与主播谈判的过程中遇到这种情况，品牌能否接受，这是必须考虑的问题。

◆假设预算充足，想投专场

（1）是否有足够的 SKU 可以撑起一个直播专场。如果品牌的预算充足，可以投单一链接，这种方式足以满足产品销售需求；如果品牌的预算特别充足，SKU也比较多，可以做专场直播。一般情况下，快手专场直播时间为1小时，品牌要准备4～6个品类。

（2）合理搭配产品——引流款、主推款、利润款。为保证直播带货效果，品牌要合理搭配产品，在人气不足时利用引流款引流，快速提升人气，在粉丝数量达到一定规模后销售利润款，赚取收益。主推款一般以自营产品为主，可以将其打造成爆款，沉淀一部分私域流量。

（3）直播套装比单品好卖。在快手直播间，套装的销售情况比单品要好很多。因为用户习惯"货比三家"，看到主播推荐后不会立即下单，而是会前往淘宝等电商平台搜索、比价。如果直播间的价格比淘宝价格高，用户就不会下单。而定制的套装是无法比价的，例如，定制的水乳套盒、买一发六等，因为在淘宝等电商平台找不到类似的套装产品，所以只要价格合适，用户就会下单购买。因此，相较于单一的产品来说，品牌最好准备一些套装产品，以保证转化效果。

（4）针对价格敏感型用户打折买送是非常有效的行为。品牌不要认为打折、买送等活动会拉低自己的层次，相反，对于快手用户来说，这些活动最能吸引他们的注意，刺激他们做出购买行为。有的时候，买一送一、买一发二、发放5元无门槛优惠券等活动可以让用户产生极大的满足感，完成消费转化。

总而言之，直播投放有很多技巧，品牌必须综合考虑以上4个方面的内容，根据自身的实际情况决定是否投放专场，然后合理选择主播，确定直播时间，保证直播转化效果，以免造成金钱与时间的双重浪费。

第 14 章

红人带货：私域流量转化法则

快手在短视频社交方面的探索值得广大企业学习，其在底层算法中就已经融入了浓厚的社交基因。随着快手在商业化道路上越走越远，我们已经可以初步感受到将基于短视频社交积累的私域流量转化为商业流量带来的巨大红利。

红人营销：全面释放流量红利

快手鼓励用户订阅、关注的做法为内容创作者与粉丝进行深入沟通及交流带来了诸多便利，为双方建立牢固的连接关系奠定了良好的基础。

根据卡思数据公布的《快手创作者商业价值报告》可以发现，快手KOL发布的作品平均赞评比可达14.9:1，这意味着快手KOL平均得到14.9个点赞后，可以获得1条用户评论。目前，绝大多数短视频平台并不能达到这种水平。

当然，不同粉丝量级的快手KOL发布的作品赞评比存在一定的差距，拥有千万级粉丝的KOL发布的作品赞评比可以达到8:1。

报告中播赞比数据同样值得关注，粉丝量300万~500万的快手KOL发布的作品的播赞比为25:1，这意味着短视频作品播放25次后，可以得到1个用户点赞，如图14–1所示。为什么会出现这种情况？关键因素在于这类KOL创作的短视频作品质量比较稳定，比较贴合粉丝需求。企业和品牌商想要与快手KOL合作定制短视频广告，选择这类KOL不失为明智之举。

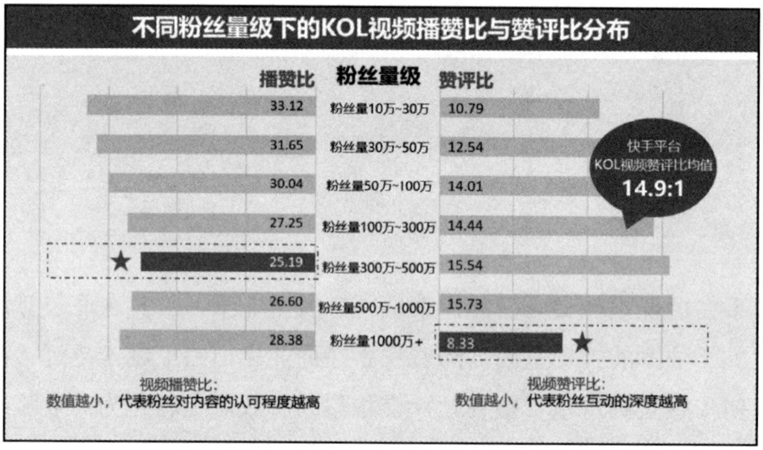

图14–1　不同粉丝量级下的KOL视频播赞比与赞评比分布

得益于较高的粉丝黏性与活跃度，再加上快手平台强大的社交属性，快手KOL堪称企业与品牌精准对接目标用户、积累忠实粉丝、完成电商变现的一大利器。当然，我们也应该认识到快手平台的流量红利还有很大一部分没有释放。

需要注意的是，很多企业与品牌对快手KOL价值的认识存在一定的局限，如过度聚焦快手KOL的直播带货价值。以国产美妆品牌为例，韩后邀请Mimi直播分享搭配知识；蔻斯汀邀请《小丽店》广州服饰工厂前往总部及工厂直播卖货；完美日记与快手联合举办国货品牌日，邀请JLV驴嫂平荣、周周珍可爱、爱美食的猫妹妹等多位快手KOL助力此次活动。相关数据显示，3天内，仅完美日记的哑光唇釉就销售了109.3万单。

虽然快手KOL直播带货的商业价值令人期待，但如果品牌仅局限于这一点未免有些目光短浅。品牌利用快手KOL开展营销活动时，不妨将短视频与直播卖货相结合，因为仅开展直播带货产生的影响力较为短暂，只能在短时间内拉动产品销量，很难给用户留下深刻印象。例如，快手头部KOL辛巴在818新婚演唱会上口红订单销量达到了50万单，但活动热度过后，很少有用户能够记住有哪些口红品牌参与了此次活动，更不会有多少人选择二次购买。

精准投放：4类红人的商业价值

一直以来，快手红人都独具一格，因为与用户的距离比较近，使得其直播的内容更贴近现实生活，更鲜活、更有温度，吸引了一批又一批粉丝，对私域流量的积淀产生了积极的推动作用。那么，快手红人有哪些类型？

◆原生型红人

原生型红人最能体现快手的内容风格，他们大多是普通的社会大众，在快手平台发布内容的初心就是记录生活。随着发布的内容越来越多，积聚的人气越来越高，逐渐转变为KOL。原生型红人的粉丝大多是和他们有共同兴趣和爱好的快手“老铁”，形成了个人标签十分鲜明的“私域流量池”。

从分布的地域来看，原生型红人均匀地分布在各级城市、乡村、小镇，展现了丰富多彩的现实生活，内容更具烟火气，更容易打动快手“老铁”，引发共鸣。正因如此，快手平台形成了因职业圈层而聚集的创作者，这些创作者来源广泛且精细，他们之间拥有很多共同话题，圈层影响力更容易落地。根据创作者来源，这类红人可以细分为6大类，如图14–2所示。

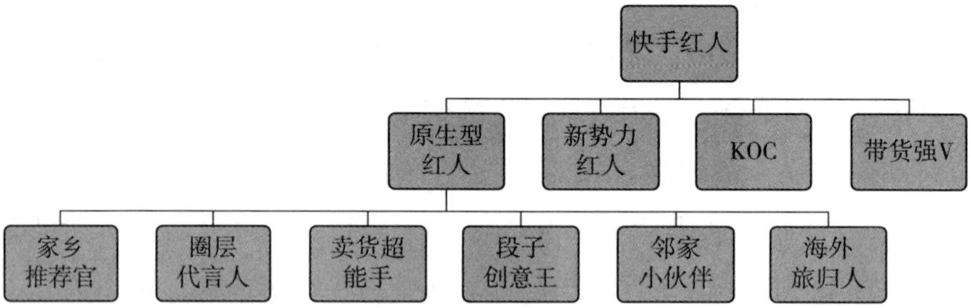

图14–2　快手4类红人

（1）家乡推荐官。

家乡推荐官主要来自乡村，发布的内容多是家乡的好山、好水、好物、好人，展现了最真实、最质朴的田园生活。这类红人大多比较年轻，积极向上，被称为新时代、新征程的记录者和见证人。例如，快手红人“大东”，一个生活在田间地头的大男孩，每天上山锄地、下河摸虾，用镜头为粉丝展示恬淡、宁静的乡村生活。这类红人比较适合本地类、网服类广告主。

（2）圈层代言人。

圈层代言人主要活跃在各个圈层，职业圈、兴趣圈、技能圈等，在其所在圈层拥有独特的话语权。例如，河北沧州开卡车的宝哥，用快手记录行车日常，用一条条短视频将全国各地数千名卡车司机会聚在一起，俨然成为圈层的领导人，遇到问题或者接到大单总能一呼百应。这类红人比较适合主打精准圈层受众的广告主。

（3）卖货超能手。

这类红人凭借内容吸引粉丝，通过直播变现，是快手平台不可多得的既能做好内容，又能通过卖货完成转化变现的卖货超能手。这类红人的成长逻辑是以优质内容吸粉、养粉，用直播带货宠粉、固粉，将内容与商业链条紧密连接在一起。以快手红人“周周珍可爱·625”为例，其不仅多才多艺、唱跳俱佳，而且制作的短视频精致、有内容，带货能力很强。这类红人比较适合有产品销售需求的广告主。

（4）段子创意王。

这类红人只做粉丝喜欢看的内容，段子直接且真实，而且剧情丰富、内容题材广泛，古言、仙侠、宫斗、奇幻、乡村爱情、都市职场等应有尽有，戏剧效果非常好，可以源源不断地吸引粉丝。这类红人比较适合电商、快消、网服类广告主。

（5）邻家小伙伴。

这类红人擅长用短视频记录生活，粉丝可以通过这些短视频看到人为了梦想努力奋斗的样子，看到一颗颗热爱生活的心，看到温暖的故事，看到自己。例如，快手红人“如冰——逍遥派”，发布的短视频内容非常简单，就是家常饭菜制作，却充满了对生活的热情，吸引了大批粉丝。这类红人比较适合快消、家电家居、电商类广告主。

（6）海外旅归人。

这类红人大多旅居海外，他们通过短视频记录生活，分享奇妙的旅行和与众不同的生活。例如，“野行涛哥”，利用短视频讲解自己的旅行经历，带粉丝领略大千世界的美好，吸引了大批粉丝。这类红人比较适合网服类、生活服务类广告主。

◆新势力红人

新势力红人大多来自MCN机构，他们在其他平台已经有了一定的影响力，为了进一步壮大粉丝规模，挖掘潜在市场，扩大自己的影响力，在快手平台各种利好政策的吸引下入驻快手。据统计，目前已有1000多家MCN机构入驻快手，账号数量逾1万，涉及20多个垂直领域，覆盖粉丝18.5亿人。例如，二咖传媒的“毒角SHOW”，入驻快手平台之后延续以往的异国挑战模式，1个月收获了46.8万新粉丝。

MCN机构拥有强大的内容生产能力，而且非常擅长粉丝运营，商业化成熟度比较高。对于快手平台来说，MCN机构带来的新势力红人可以反哺原生红人的“草根”生态，实现双赢。

◆KOC

KOC指的是粉丝数量不足10万，内容拥有较强的商业属性，在特定圈层拥有一定影响力的创作者，可以分为三大类，分别是品牌超级用户、社群主和典型员工代表。

品牌超级用户。这类用户习惯使用某一个固定品牌，对品牌及其产品有着极强的认同，乐于向他人分享自己的使用感受，具备基本的短视频产出能力。初期，这类用户可以在超级品牌池进行筛选，对产品进行试用与推广，这种方式成本低，可以直接看到效果。这类用户在其所在圈层具有一定的公信力，可以对周围人的消费行为产生一定的影响。

社群主。社群主大多活跃在某个特定圈层，可以直接掌握社群成员的喜好，引导其做出购买决策，如母婴专家、游戏玩家等。品牌可以与社群主建立联系，在社群主的帮助下建立社群关系网，在潜移默化中影响用户心智。

典型员工代表。员工代表（如柜员、电商主、品牌经销商等）长期存在于消费者身边，代表品牌持续不断地向消费者传递内容，引导消费者做出购买决策，所产生的转化效果更直观。

目前，在快手平台，KOC已经成为私域流量中的中流砥柱，小米、完美日记等品牌已经初步完成KOC关系网建设。对于其他品牌来说，与KOC合作已经成为大势所趋。

◆带货强V

在快手平台，带货强V的变现能力最强，不容忽视。初期，带货强V先利用优质内容或标签人设沉淀粉丝，然后凭借优质的产品或直播吸引新粉丝，引导粉丝购买产品，帮助品牌做好营销推广。

对快手排名前500的带货红人进行分析可以发现，从粉丝量看，在这500个账号中，有29%的账号的粉丝规模为100万～300万人，说明粉丝量不是影响带货量的唯一因素，快手红人的带货能力普遍较高。基于这一结论，品牌在选择带货红人时，如果头部红人因为档期原因无法配合，或者品牌经费有限，无力与头部红人合作，可以退而求其次，适当降低对红人粉丝量的要求。

从直播频次看，大多数带货强V每周直播3～5场，还有一些带货强V每周直播1～3场，只有16.2%的账号每天直播。在产品方面，带货强V更愿意销售美妆个护、食品饮料、服饰鞋包等产品。

在粉丝画像方面，带货强V的粉丝画像与快手平台的整体用户画像不同。在他们的粉丝中，女性粉丝占比较高，年龄大多在24岁以下，占比高达47%，25～30岁的粉丝占比27%。由此可见，年轻人更容易基于对KOL的信任做出消费行为。

从地域分布看，带货强V的粉丝主要分布在河北、广东、河南、山东、辽宁5省。从商品单价看，大多数商品的售价为30～50元，其次是30元以下，再次是50～80元的商品。这说明，在快手平台，物美价廉的产品更受欢迎。但这并不表示只有低价产品才在快手平台有市场，3C数码、家用电器、珠宝、汽车等产品也有一定的成交量。例如，“二哥评车”，自从启动快手团购卖车以来，已经销售出去1万多辆新车，平均每辆车为粉丝节省1万元，获得了大批粉丝的支持与喜爱。

组合投放：红人营销的3大玩法

在了解了快手KOL营销现状后，企业与品牌商应该如何开展快手KOL营销呢？下面从各粉丝量级创作者组合投放建议、投放节奏把控建议、内容玩法的组合建议3个维度详解快手KOL营销方法论。

◆各粉丝量级创作者组合投放建议

企业与品牌在快手开展红人营销，要根据创作者的粉丝量进行组合投放，如表14-1所示。

表14-1　各粉丝量级创作者组合投放建议

创作者的粉丝量级	组合投放建议
千万级粉丝量KOL	这类KOL通常是快手自主培养的原生KOL，他们与粉丝互动频繁、有较强的直播带货能力，可以帮助品牌制造话题效应，大幅度提升品牌影响力
300万～1000万粉丝量KOL	与千万级粉丝量KOL相比，这类KOL涵盖的内容更为丰富多元，内容生产更为稳定，粉丝更为垂直，是品牌商投放KOL广告应该关注的重点对象，可帮助品牌商引爆话题
100万～300万粉丝量KOL	这类KOL粉丝量增长较快，往往专注某一细分领域，用户画像清晰明确，可以发挥自身专业优势帮助品牌商强化产品卖点，刺激购买欲望
10万～100万粉丝量KOL	这类KOL内容质量稳定性较低，虽然有时可创作出爆款作品，但后续乏力，无法支撑粉丝量的进一步增长。不过，由于这类KOL粉丝数量较少，他们往往更贴近用户，品牌商可以与这类KOL合作开展直播电商，从而直接带动销量增长
粉丝量在10万以下的KOC	有限的粉丝量决定了该类账号只能归属为KOC，即关键意见消费者。诚然，这类KOC的影响力较弱，但他们可以从产品用户的视角分享产品体验，从而带动社交圈内的人购买并分享。在营销活动收尾阶段，品牌商可与这类KOC合作来增强活动效果

◆投放节奏把控建议

短视频KOL投放要做到快速、精准、有力度，只有保障投放效果，才能达成预期的转化目标，如图14-3所示。

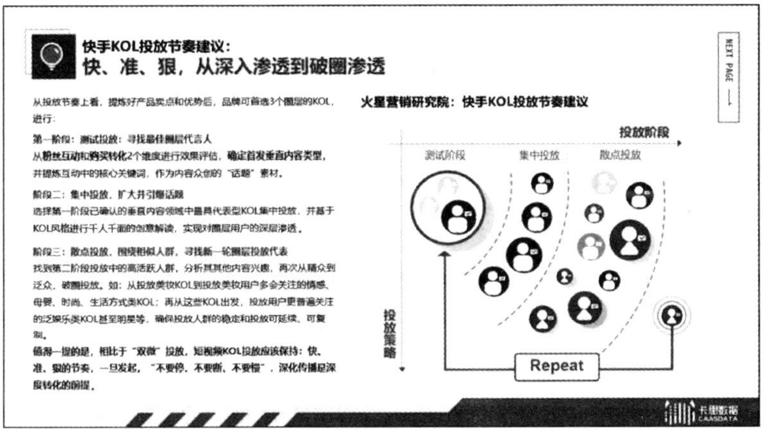

图14-3　快手KOL投放节奏

（1）投放第一阶段，品牌可以先在小范围内进行投放测试，如选择多个垂直圈层投放内容。在选择投放内容时，品牌要考虑两点：一是内容能否引导粉丝互动交流；二是内容能否促成交易购买。然后再根据投放测试结果确定投放策略。

（2）投放第二阶段，找到该领域有较强代表性的KOL进行投放，然后分析投放数据，描绘用户画像，找到高活跃度用户。

（3）对高活跃度用户进一步分析，找到其关注的主要内容，然后根据这些内容选择相应领域的KOL合作。例如，美妆品牌商选择与美妆领域的KOL合作后，在其粉丝中寻找一批高活跃度用户，通过分析发现这类用户重点关注时尚、生活、母婴、情感等内容，基于此，品牌可以选择时尚、生活等相应领域的KOL合作，进一步扩大投放效果。

◆内容玩法的组合建议

目前，“短视频种草+直播卖货”的内容组合是最主流的快手KOL营销玩法。快手KOL价值并不局限于直播带货，例如，品牌可以针对快手KOL在日常运营中积累的高活跃度、高忠诚度用户，与后者合作设计营销内容、投放策略等，从而将这些用户转化为自己的私域流量。品牌有了私域流量之后，不仅能促进产品销量快速增长，还能加快品牌建设，推动核心竞争力的构建。

此外，品牌在与快手KOL合作前，需要对KOL的商业价值进行评估，为确保评估的精准性，品牌可以从3个维度切入，如表14-2所示。

表14-2　快手KOL商业价值评估的3个维度

评估维度	具体内容
影响力评估	评估快手KOL影响力可从KOL人设、内容风格、爆款作品率、粉丝互动性等方面进行评估，评估的重点是分析快手KOL影响粉丝的行为与决策的能力
种草力评估	评估快手KOL种草力可从KOL粉丝质量、舆情口碑、内容对粉丝吸引力等方面进行评估，评估的重点是分析快手KOL能否帮助品牌商得到用户信任，并使用户对产品留下印象
转化力评估	评估快手KOL转化力可从KOL粉丝与品牌商目标用户重合度、KOL带货卖货能力等方面进行评估，评估重点是分析快手KOL能否带动品牌商产品营销转化，能否为品牌商创造利润

【案例】唯品会&快手广告：精准营销新实践

2019年“618”期间，唯品会与快手联合发起了一轮创新整合营销传播，并大胆尝试了一种新玩法——网红大头贴，给用户带来了非常新奇的体验。与此同时，短视频、直播、10s后贴片广告等多种营销方式全面落地，从“种草”到“转化”，创建了一个完整的短视频营销闭环。

在活动开始之前，唯品会与快手开展了一系列调研活动，根据调研结果制订了一套面向快手用户的立体化投放方案，即根据目标受众的画像筛选快手达人，让他们通过创作内容带货；利用直播与贴片广告向用户推送品牌与产品，完成品牌及产品的曝光；借助“社交+内容”引发二次传播，完成目标用户群体的二次精准拓展，实现转化。唯品会与快手的这次营销尝试推动短视频营销进入以用户体验为核心的精准营销时代。

◆聚焦用户好奇心，唯品会尝试快手商业新品“网红大头贴”

作为品牌特卖电商的领军者，唯品会一直致力于借助创新带动用户体验升级，这种经营思路对唯品会的营销方式产生了巨大影响。作为一个超级流量平台，快手的平台文化、用户审美、用户偏好等都独具特色。面对快手平台上潜藏的消费者，唯品会创造了一种全新的营销思路，即用快手独有的表达方式实现品牌曝光。

活动开始之前，电视剧《都挺好》掀起了一波热潮，唯品会将剧情内容与贴片广告完美地结合在一起，用“餐前甜点”的形式向受众传播内容，一改传统的“硬广”形式，获得了大量点赞。网红大头贴就是快手根据唯品会的要求定制的，是双方共同探索、创新营销方式与方法的结果。

在这次活动中，唯品会与快手制作了两种风格迥异的内容，唯品会以品牌广告片为素材，快手以红人原创作品为素材，分别进行AB测试与结果分析。结果发现，在快手平台，相较于品牌广告片，红人原创作品的播放量、互动量要高很多。这次测试给网红大头贴的落地提供了强有力的支撑。网红大头贴首次上线定投功能，对红人信用背书能力进行充分挖掘，与商品特点相结合，精准定位目标红人进行曝光，进一步提升品牌投放精度，让视频与内容广告实现更紧密的连接。

◆快享计划首次定制服务，唯品会与快手联合创造全新的用户体验

2018年，快手推出快享计划，引起了各行业的关注。对于企业来说，快享计划庞大的曝光量和低廉的成本不仅可以迅速提升用户对品牌的认知，而且可以对品牌形象塑造产生积极的促进作用。在这次活动中，快享计划首次尝试定制化服务。为了满足唯品会对营销效果的更高追求，快手推出了网红大头贴。相对于快享计划来说，网红大头贴可以带给用户更好的体验。

首先，以人找人+内容共鸣。唯品会可以根据品牌或产品特征圈定潜在的客户群体，然后为其匹配合适的内容创作者，让投放范围更精准，更符合预期，从而使转化率得以大幅提升。

其次，原生内容更容易引发情感共鸣。贴片内容源于快手红人，他们

本身就颇受粉丝喜爱，相对于品牌广告片来说，他们生产的内容更能迎合平台用户的喜好，使观看体验得以全面提升。

◆“熟人背书”更容易被用户“买单”

在快手平台，红人与粉丝之间存在独特的情感联结，他们彼此信任，为转化效果提供了强有力的保障。

“618”年中大促是电商平台创造的一个购物节，经过几年时间的发展，已经培育出一个比较成熟的市场。在此期间，为了吸引消费者的目光，各大电商平台各显神通，创造出很多新玩法。唯品会与快手的这场合作，不仅证明了短视频社交商业化的价值，而且为整个电商大促提供了一种新玩法。不做花哨的预热，不强行提升用户黏性，不设门槛，支持用户随时参与、随时退出，也能创造出令人惊艳的转化效果。

未来，随着信息量持续暴增，在整个电商行业，这种立足于用户体验、契合用户习惯、能够实现高效转化的营销方式将成为主流。

Part 5

IP打造篇

第 15 章

超级IP：快手营销的核心引力

识别高价值IP的4个维度

在互联网环境下，为了增强品牌的辨识度与吸引力，很多企业都开始着手打造品牌IP。品牌IP不仅具有高辨识度，而且具有互动性、娱乐性，可以体现品牌个性与社会价值，赋予品牌强劲且持续的传播力，让品牌可以精准地触及目标消费群体。

虽然市场上出现了IP热，但很多人都不太了解什么是IP，经常将品牌与IP混淆，或者将其视为同一个概念。其实，品牌与IP之间存在显著区别，运营人员想要打造一个热门的品牌IP，必须能够发现、识别高价值IP。下面，我们对品牌与IP之间的区别，识别高价值IP的4个维度进行深入解析。

◆品牌≠IP，深入认识IP与品牌

品牌是人们对企业及其产品、服务、文化的认可，是一种市场信任。品牌展现了商品的综合品质，其形成需要运营人员付出长久的努力。从某种程度上说，品牌代表了消费者对产品及服务的认知程度，是企业形象的无形载体。

IP（Intellectual Property）指的是知识产权，也就是通过智力劳动取得的成果，付出智力劳动的劳动者依法享有对劳动成果的专有权。IP可以承载多种文化创意形态，如图片、文字、视频、音频等，展现的是人们在文化和情感层面的共鸣。

由此可见，品牌与IP不能等同，两者之间存在显著差异。运营人员不能单纯地从概念与表象对其进行理解，要尝试思考其背后的逻辑。

从根本上来讲，企业打造品牌是为了做好产品销售。一个好的品牌不仅可以实现持续销售，还能带来超额利润。对于消费者来说，他们看重IP不是为了获得产品的功能属性，而是为了寻找一种情感寄托。基于此，IP化之后的品牌可以与用户更好地交互，获得用户认同。

换言之，用户喜欢一个品牌是先被产品功能所吸引，是理性选择层面上的感性移情，而喜欢一个IP则是单纯的感情投入。在现实生活中，品牌为了维护老用户、获取新用户需要不断地投入资源，而IP可以通过持续输出内容吸引资方主动寻求合作，源源不断地吸引、积累新用户。

基于此，品牌想要实现低成本、可持续发展，必须尝试打造品牌专属IP，或者利用高知名度IP为品牌服务，利用品牌IP化赋予品牌更多内容，让消费者接受品牌或产品，做好品牌营销，提高产品销量。

◆高价值IP的4个维度

评价一个IP的价值要从4个维度着手，分别是内容值、人格化、影响力和亚文化，如图15–1所示。

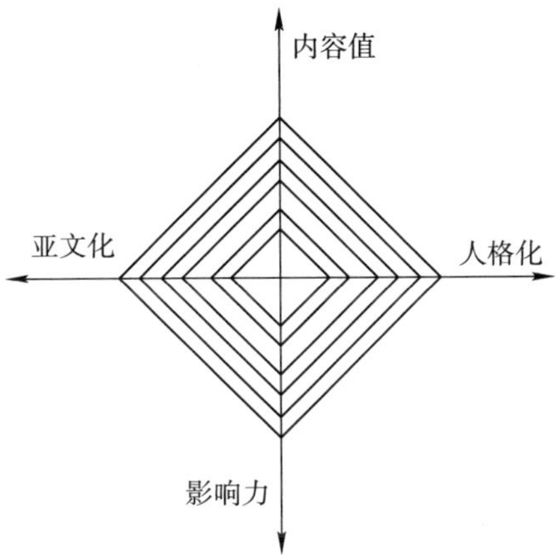

图15-1 评价高价值IP的4大维度

（1）内容值。

内容值可以细分为3个指标，分别是三观指数、跨介指数和兼容指数。维度越大越深，IP价值就越高，如表15-1所示。

表15-1 内容值评价的3大指标

内容值评价指标	具体内容
三观指数	指的是作品中的价值观与当下社会意识形态的契合度。一个高价值的IP必须三观正，时时刻刻向公众传递正能量
跨介指数	这里的“介”指的是媒介，跨介指数评估的是IP能否改编成多种文化形态在多媒体平台分发、传播，对不同受众群体产生影响的能力。一个高价值的IP必然可以改编，例如，三只松鼠可以改编成电影，让原本没有生命的卡通形象“活”起来
兼容指数	指的是内容改编的自主性以及是否拥有足够的改编空间

（2）人格化。

对于一个高价值IP来说，人格化特征非常重要。因为人格化之后，IP会具备亲近感、辨识度、互动性以及持续进化性。

IP人格化的关键在于能够植入社会大众的心智，在社会大众的记忆中长久存在。IP人格化后影响力大小深受4大因素的影响，分别是标志性的风格、标志性的标签、标志性的传播载体、标志性的梗。

（3）影响力。

评价IP影响力的指标有3个，分别是流行域、粉丝值和自流量大小，如表15–2所示。

表15–2 IP影响力评价3大指标

IP影响力评价指标	具体内容
流行域	在一段时间内，IP内容在全网的覆盖范围以及传播深度，覆盖范围包括阅读平台和各种媒体渠道，传播渠道包括百度搜索指数、贴吧、微博、论坛等
粉丝值	评价粉丝价值的标准有2个，一是粉丝数量，二是粉丝的付费习惯
自流量大小	IP能否凭借自身的影响力挣脱平台束缚，从多个平台获取流量，进行流量分发，引发口碑传播

（4）亚文化。

亚文化不仅能为品牌带来直接的经济利益，还能为IP塑造产生积极的促进作用。评估一个IP形成的亚文化圈的活跃度有2个指标：一是社群规模；二是衍生潜力。

品牌IP化运营的4大方法

随着越来越多的企业通过IP化运营受益，越来越多的企业开始进行“IP化”尝试。一时间，关于品牌与IP的争论在整个行业扩散开来。

提及品牌IP化，人们的第一反应往往是“logo动物化”或者“品牌拟人化”，以至于很多品牌都将自己的品牌标识设计成可爱的卡通形象，如三只松鼠、百雀羚三生花系列等，创造了以“萌”为特色的品牌IP。

其实，品牌借助这种方式打造自己的IP无可厚非，因为萌宠化、动物化确实能对品牌IP化产生事半功倍的效果。因为IP化具有高辨识度、认同感高、场景代入感强等特性，非常适合进行碎片化传播，在这方面，传统品牌形象很难发挥出应有的效果。可以预见的是，未来很长一段时间，品牌IP化都将成为品牌的发展趋势。

那么，运营人员应如何实现品牌IP化？在打造品牌IP的过程中，运营人员要注意4点，如图15–2所示。

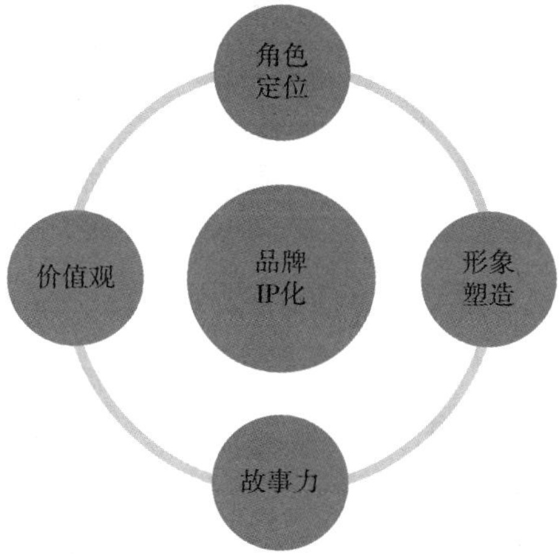

图15–2 品牌IP化的4大注意事项

（1）角色定位。

对于品牌IP化来说，角色定位非常重要，它在一定程度上决定着品牌情感的丰富程度及后续的故事创作。一个好的角色定位可以在极短的时间内吸引用户，获得用户青睐，锁定用户目光，为后续传播奠定良好的基础。

以三只松鼠为例，在新的语境下，三只松鼠可爱的松鼠形象深入人心，憨态可掬的外形加上客服可爱的语气，成功地俘获了大批消费者的心。近来，为了进一步提升自己的影响力，三只松鼠参与拍摄电影，将松鼠形象搬上银幕，不仅成功地塑造了一个品牌IP，还衍生出一系列周边产品，成为品牌IP化的典范。

从某种程度上说，三只松鼠的成功主要源于清晰的角色定位。如果角色定位不清晰，很容易导致角色情感力度不足，吸粉引流能力下降，给后续的故事创作、品牌IP化造成极大的制约。

（2）形象塑造。

IP形象塑造对品牌形象塑造有着直接影响，虽然IP形象与品牌形象不能直接画等号，但企业或品牌可以通过IP形象将其希望向用户传递的信息体现出来。对于品牌来说，IP形象塑造能够对品牌形象塑造产生一定的促进作用，因为每一种人格化的IP都能吸引一个特定的用户群体。

这也是品牌喜欢将自己的IP形象动物化、卡通化的主要原因。因为动物化、卡通化的IP形象更容易让人产生亲切感，被人印刻在脑海中。天猫、京东、苏宁、QQ等品牌都是用这种方式打造自己的品牌形象，如果将阿里系的产品单独拿出来，人们甚至可以看到一个“动物园”，猫（天猫）、鸡（蚂蚁庄园）、河马（盒马鲜生）等。这些品牌都用呆萌的卡通形象吸引粉丝，提升用户对产品的好感度。

品牌的IP形象不是冷冰冰的头像，在运营人员的作用下，它不仅承载了品牌的文化与精神，还具有一定的娱乐性，可以更好地拉近与用户的距离，增进与用户的互动，变得更有温度，更容易获得用户青睐。

（3）故事力。

讲好品牌故事是品牌IP化成功运营的基础。人天生喜欢听故事，一个好故事可以将不同圈层、不同阅历的人会聚到一起，让他们关注同一件事情。所以，从某种意义上说，品牌IP化就是讲好品牌故事。

品牌IP就像一个生命体，会不断地输出新内容，展现个性魅力。IP的内容越丰富，故事越多，品牌的活力值就越高。为此，品牌IP必须不断输出内容。如果缺少内容支撑，品牌IP就缺少了话题传播介质，IP形象塑造就很难成功。由此可见，对于一个IP来说，可称其为“血肉”。

当然，品牌运营人员要拓宽眼界，广义地理解“故事”。故事的载体有很多，文章、视频是最常见的载体。除此之外，它还可以通过海报、表情包、行为艺术、话题制造等方式呈现。例如，熊本熊就凭借大量搞笑行为与表情包俘获了大批粉丝。

对于品牌IP形象的创建来说，故事是载体，也是助推器，可以帮助品牌打破圈层限制，被更多用户看到，为品牌吸引更多流量，衍生更多商业行为。

（4）价值观。

每个企业都有想要传递给大众知晓的价值观，有的是拼搏、奋斗，有的是创新、诚信。品牌IP化的目的就在于让用户认可企业文化与价值观，为用户提供一种精神寄托。可以试想一下，在三只松鼠的陪伴下成长起来的一代，势必会对这个品牌形成强烈的认同，而且这种认同根深蒂固，很难轻易改变。

IP角色传递的精神内涵就是品牌的核心价值观，通过这种价值观输出，品牌可以逐渐占领用户心智，让用户在产生需求时不知不觉地想到自己，产生购买行为，甚至将购买行为从需要转变为热爱。

无论故事还是角色，品牌IP想要获得目标受众的认可，还是要通过价值观感染目标受众，激发受众潜藏在内心深处的意识，获得更多用户关注。对于品牌来说，只有激发用户潜在的感受，才能从理性的功能定位转变为感性的情感寄托，引发目标受众的共鸣，为之后更多商业行为的开展奠定基础。

快手商业词典助力IP打造

IP营销自进入人们视野以来就吸引了无数运营人员探索、实践，积累的IP营销玩法越来越多，营销效果也有目共睹。哪吒、故宫淘宝、魔道祖师等头部IP的火爆已经成为优秀IP“破圈”能力与商业价值的最佳证明。对于正在发力商业化的快手来说，如何在IP营销领域创造出新玩法是当下最值得思考的问题。关于这一问题，快手商业词典提供了一个有效的解决方案。

2019年底，快手商业部门发布了一个年度热词回顾视频和H5，其中，快手全新打造的IP——快手商业词典受到了广泛关注，引发了热议，如图15-3所示。

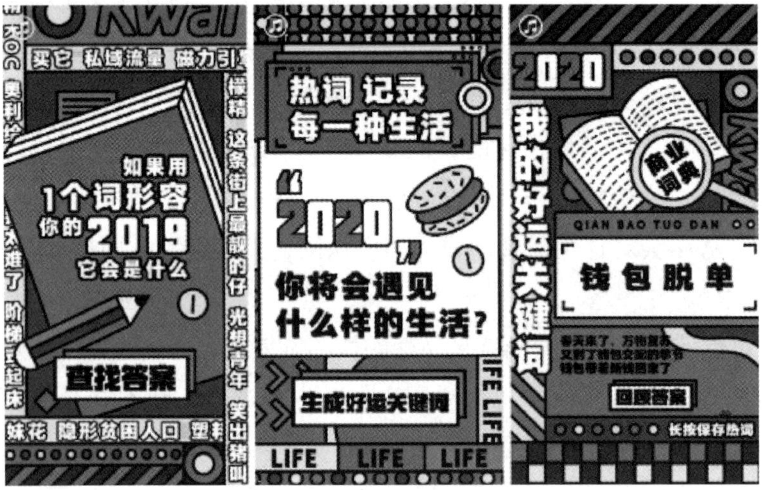

图15-3　快手年度热词回顾

快手推出“快手商业词典”的目的在于通过搜索年度热词对其进行解释，告诉快手用户及其他社会大众“快手非常懂年轻人”。为了做好这个IP打造，快手商业部门做了一系列尝试。

首先，快手商业部门为“快手商业词典”设计了一个非常呆萌的词典君的形象，面对不同的热词，词典君会变成不同的表情包，如图15-4所示。

其次，快手商业部门带领词典君走出线上平台，在线下商业活动中频频亮相，通过高频次的曝光加深其在消费者心目中的形象。

最后，快手商业部门围绕词典君开发了一系列IP衍生品，如快手商业词典、商业词典笔记本等，让这些融入人们的日常生活，进一步加深人们对IP的记忆。

为了配合此次活动，快手总部举办了一场年度热词展活动，吸引了众多员工参与。

图15-4 快手商业词典表情包

◆热词背后是生活

热词之所以会流行，就是因为热词代表的是一群人的生活方式与生活状态。

当“快男”“超女”等热词流行的时候，代表着国内的选秀行业开始萌芽，人们的审美开始变得多元化；当“踩踩”“灌水”“BBS”等热词流行的时候，代表着国内的互联网产业进入一个全新的发展阶段，人们的生活理念、沟通方式随社交媒体的流行而改变；当快手“点赞可爱中国”的短视频引爆全网的时候，代表着人们的生活水平有了大幅提升，爱国热情越发高涨。

由此可见，热词的制造路径正在从电视台向短视频平台下沉，传统的“精英生产——民众跟随”的热词传播路径发生了极大的改变。在当前互联网语境下，去中心化已成为典型特征。

短视频的流行赋予了草根群体更多话语权。借助这种可以承载很多信息、表达很多含义的载体，现实生活中的普通人获得了一种全新的表达方式，仅凭一句话就可以介入一个时代，在时代发展中留下自己的足迹。

作为国内短视频行业的领军者，2019年，快手短视频诞生了很多热词，如“我太难了”“奥利给”等，并在极短的时间内流行开来，触及各类群体。因此，快手商业词典选取了2019年最具代表性的热词，将其与不同的生活状态相对应，期望借此引发用户共鸣，同时向外界展示平台的商业潜力。

◆“只有生活，才有生意”

在注意力稀缺的当下，作为短视频行业的头部产品，快手的曝光度非常大，汇聚了海量流量的快手平台，不仅为用户创造了大量收益，还帮品牌扩大了传播范围，提升了品牌影响力与其在社会公众中的关注度。

基于此，快手商业部门发布了一条短视频，提出“只有生活，才有生意”的口号。快手认为平台的商业价值是基于各种生活形态获得的。快手用户通过分享生活形成社区，再通过流量转化创造一种全新的商业模式，让社交与商业实现了并存、并重。

◆探索IP更多玩法

对于快手来说，“快手商业词典”IP的打造意义非凡。

随着“80后”“90后”成为主流消费群体，品牌一直以来沿用的营销方式不再适用，亟须找到一种年轻人喜闻乐见的沟通语言。作为一种更有个性而且实现了符号化的语言，IP深入人群，用一种生动有趣的形象拉近了品牌与年轻人之间的距离，帮助消费者更便捷、更简单地创建起品牌识别与品牌联想。

目前，快手商业词典IP的价值与潜力还没有完全展现出来，未来与其他IP进行跨界合作或联合开发都有可能成为新的发展方向。总而言之，快手商业词典将持续为其他品牌在快手平台的IP打造做示范。

第 16 章

品牌IP打造的7大流程

第1步：账号建立与维护

◆注册账号

品牌想要在快手平台引流，沉淀私域流量，必须先拥有自己的账号。下载快手App，打开之后点击左上角的登录进入登录页面，可以选择“微信登录”“微博登录”“QQ登录”“手机号登录”。如果手机号从未注册过快手，用户选择手机号登录之后会自动完成注册。品牌可以选择多种登录方式，为了保证引流效果，防止平台封号，可以注册多个账号，形成账号矩阵。另外，品牌多注册几个账号，这些账号相互关注、转发、评论、点赞，可以为刚注册的账号积累一些人气，让新账号发布的短视频被更多人看见。

◆完善个人资料

完成账号注册之后，品牌运营人员要完善账号资料，向平台传递一个友好的信息——“我”是一个真实的用户，不是潜在的破坏者。完善账号资料时要认真考虑每一条内容，资料编辑流程如下：

第1步，点击左上角的三个横线。

第2步，点击头像，更换头像。运营人员也可以在注册账号时直接更换头像，头像最好与品牌或产品相关，如品牌logo、品牌的卡通形象等，让用户看到头像就能明白你的身份，形成品牌记忆。

第3步，点击完善资料，填写昵称，选择性别，选择生日/星座，选择所在地，填写个人介绍。因为是品牌，所以个人介绍部分要填写品牌介绍。

第4步，编辑完成后点击左上角的返回按钮即可，如图16–1所示。

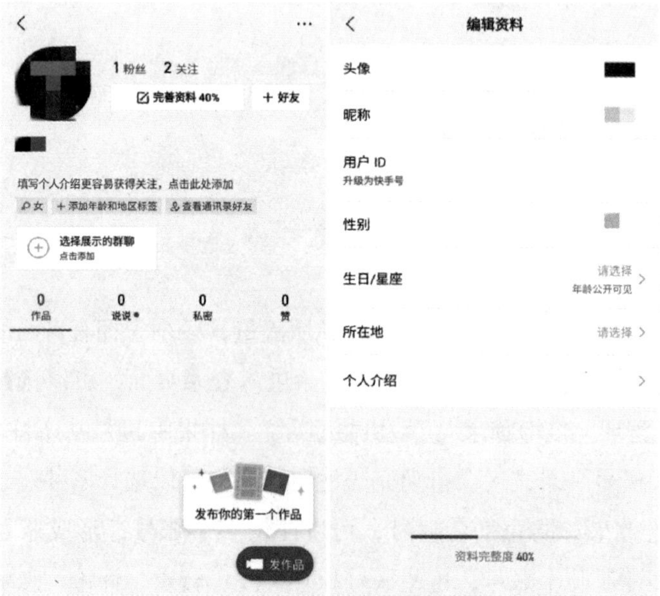

图16–1　完善账号资料的流程

编辑个人资料的小技巧

简介：详细填写性别、年龄、地域等信息，个人介绍部分要用简洁的语言对品牌进行介绍，第一句话一定要凝练，而且要包含有价值的信息，因为第一句话的曝光度最高，最容易被其他用户看到。

头图：明亮、有辨识度、不要出现大片文字。

头像：可用品牌logo或品牌的卡通形象。如果品牌同时注册多个账号，头像风格必须保持一致。

昵称：昵称最好使用品牌名称，或者品牌名+地域名、品牌名+姓氏等。

◆确定个人风格

对于快手新注册的账号来说，人设标签的确定直接影响着账号的运营效果。那么，品牌在快手注册的新账号应该如何确定风格、建立人设呢？

（1）如何建立人设定位。

在确定自己的人设定位之前，品牌必须考虑3个问题，即“我是谁”“我要吸引谁”“我要卖什么”，如表16–1所示。

表16–1 建立人设定位需考虑的3大问题

问题	具体内容
我是谁	品牌运营人员要思考品牌的主要业务是什么？想向平台用户展示怎样的品牌形象？将这些标签一一列出，越详细越好。例如，品牌主营美妆产品，想在快手平台塑造一个美妆达人的形象获得用户认可
我要吸引谁	明确目标用户群体，绘制粉丝画像，据此确定账号的运营方向。例如，品牌要吸引喜欢化妆的时尚女性，年龄在30岁以内，有一定的工作阅历与积蓄，希望通过化妆提升自己的气质，形成职场魅力
我要卖什么	明确自己的变现方式，如直播变现、短视频变现、知识付费、快接单等

（2）打造好人设的7大要素。

品牌打造人设需要考虑7大要素，如图16–2所示。

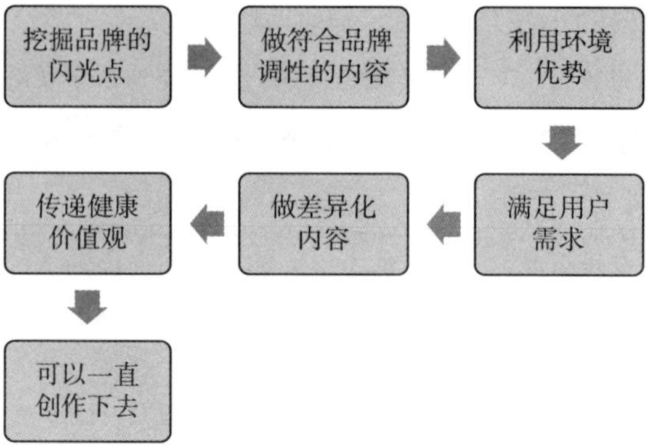

图16-2　品牌打造人设需考虑的7大要素

一是挖掘品牌的闪光点。想要给平台用户留下深刻的印象，品牌运营人员必须挖掘品牌的闪光点，如搞笑、擅长卖萌等。

二是做符合品牌调性的内容。品牌账号运营必须做符合品牌调性的内容，否则很难达到引流变现的目的。例如，美妆品牌发布的内容必须与美妆有关，不能每天发布教大家如何制作美食的内容。

三是利用环境优势。品牌可以利用自己所处的环境拍摄短视频，提高账号的真实性。例如，做水果交易的品牌，拥有自己的果园，可以直接在果园拍摄短视频或做直播，让用户看到真实的果园环境，对品牌产生强信任。

四是满足用户需求。运营人员在确定账号人设之前，必须明确账号能满足用户哪些方面的需求。例如，做二手车交易的品牌，可以每天发布二手车交易、维修、保养、选购等方面的内容，满足快手用户对这类内容的需求。

五是做差异化内容。目前，入驻快手的品牌越来越多，要想沉淀私域流量，品牌必须打造差异化的内容，让观众发现自己的不同之处。例如，同样是美妆品牌，其他账号发布美妆教程，而你可以做垂直内容，专门面向大学生发布美妆内容，或专门面向成熟女性发布美妆内容等。

六是传递健康价值观。品牌想要实现可持续运营，必须向社会公众传递健康的价值观，切忌发布违反平台规定的内容。

七是可以一直创作下去。品牌确定的人设必须能够支持内容创作，保证运营人员有素材可以挖掘，做到持续输出内容。只有这样，运营人员才能开展持续的粉丝运营，不断积累粉丝，增强粉丝黏性。

◆账号维护

账号注册完成后，运营人员必须做好账号维护工作，具体事项如图16–3所示。

图16–3 账号维护的3大事项

（1）控制发视频的频率。对于快手账号来说，不是发的视频越多效果就越好，有的时候往往会适得其反。品牌入驻快手初期只需要保证每天发布几条优质短视频即可，慢慢培养账号调性，建立优质账号形象，吸引更多优质粉丝。

（2）注意发视频的时间。在一天之中，因为人们的作息不同，所以不是所有时间都适合发布短视频。例如，晚上适合发布面向男性用户的视频，因为这个群体比较喜欢熬夜；周末适合发布面向上班族的视频，因为休息时间他们有更多时间登录快手，搜索自己喜欢的短视频内容。如果品牌要发布广告，最好选择在21:00 ~ 22:00，这个时间段是快手平台的黄金广告段。品牌运营人员可以不断探索、总结，找到适合自己的时间。

（3）注意视频及配字用词。千万不要触碰敏感字、敏感词、敏感句，以免被封号。

◆养号——养出高权重账户

品牌在快手注册账号之后，还要做好养号工作，以提升账号权重，具体操作如图16–4所示。

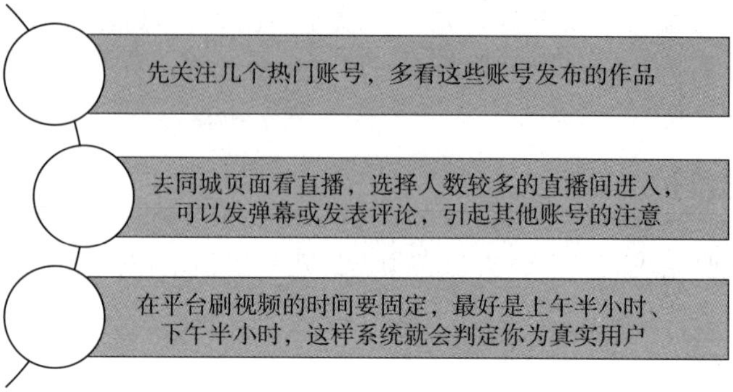

图16–4　养出高权重账号的3大步骤

3～7天后，品牌账号就可以开始完善资料，塑造账号形象了。

在养号期间，品牌运营人员必须注意以下几点：

- 不要用一部手机登录多个快手账号。
- 不要用一部手机、一个IP地址注册多个账号。
- 不要视频没看完就点赞，不要每个视频都点赞。
- 不要频繁修改资料。
- 不要在同一Wi-Fi环境下登录5个以上的快手账号，如果必须登录，可以让登录者使用数据流量。
- 不要在中间没有任何其他操作的情况下重复同一行为，如重复为短视频点赞、发表评论等。
- 不要刷粉。

第2步：内容策划与包装

快手短视频运营要求内容创作者在十几秒内将核心内容表达出来，还要统一内容风格。这样一来，对于品牌运营人员来说，确定快手账号的内容定位就变得非常重要。那么，快手账号要如何定位呢？

◆快手账号定位

（1）通俗易懂的名字。

快手账号必须起一个通俗易懂的名字，让用户看一眼就能记住，例如，专门创作动漫来传递正能量的短视频账号“草帽肥肥”、专注发布减肥短视频的账号“丽丽爱健身”等，这些账号昵称通俗易懂，简单易记，很容易给平台用户留下深刻印象。同时，账号昵称要符合个人特质或品牌特质，用语文明。

（2）吸引人的头像。

在快手平台，账号头像往往会给用户留下第一印象。一个有趣的头像可以在几秒之内吸引用户目光，获得用户关注。如专门拍摄河北梆子唱段短视频的创作者“风铃河北梆子”，这个名字和内容的匹配度极高，她的头像是一个花旦的扮相，非常典雅、独特，很容易给人们留下深刻印象。

（3）形成个人特色。

在快手平台，个人IP随处可见，有唱歌的、跳舞的、做饭的、遛狗的、摄影的、拍搞笑段子的。无论分属于哪个门类，只要形成个人特色，就可以吸引、沉淀属于自己的粉丝。有的时候，IP不一定是人，可以是可爱的动物，或者品牌的卡通形象等。例如，快手有很多撸猫的IP账号，相关短视频的点击量非常高。对于这些账号来说，猫咪就是IP，就是账号的IP定位。

◆快手内容定位

快手内容定位要做到5点，如图16–5所示。

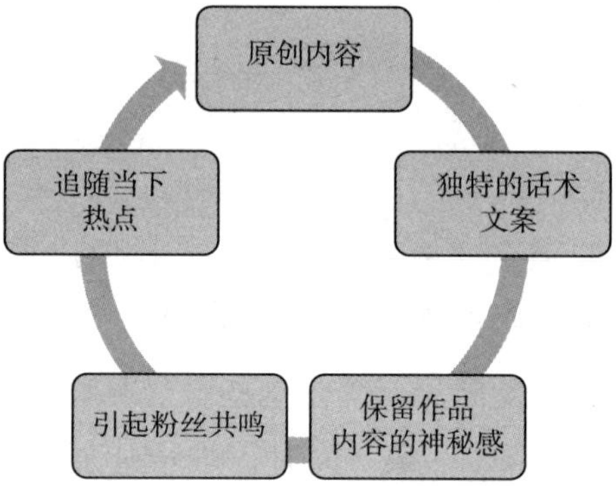

图16-5　快手内容定位的5大要点

（1）原创内容。

快手鼓励原创，无论什么类型的内容，只要打上原创标签就能提高上热门的可能。这就提醒所有品牌账号，想要在快手平台打造品牌IP，就要自行创作短视频，做短视频的“生产者”，切忌做短视频的“搬运工”。

（2）独特的话术文案。

想要打造个人IP、品牌IP，必须创造一条独属于自己的文案，让用户加深记忆、建立联想，例如，李佳琦的“偶买噶”。这个文案必须简短精练，容易被人记住，而且要有一定的独创性。

（3）保留作品内容的神秘感。

短视频标题要有一定的神秘感，激发用户的好奇心，吸引用户点击观看。例如，“不用黄油，教你做出香酥小饼干”，黄油可以说是做饼干的必备材料，不用黄油怎么能做饼干呢？用户看到这个标题就想点击观看，一探究竟。

（4）引起粉丝共鸣。

快手短视频能否吸引用户持续观看非常重要。为了做到这一点，短视频必须有代入感，融入一定的情感，引发用户共鸣。例如，哈尼族姑娘“哩哩·丽丽”通过拍摄短视频为家乡的父老乡亲销售水果，西双版纳美丽的环境，果园内品类丰富的水果，再加上当地勤劳可爱的果农，引起了用户的强烈共鸣，吸引了大量用户前来购买。

（5）追随当下热点。

短视频创作者要擅长利用快手的热门标签创作短视频，积极参与话题活动，提高短视频的曝光度。例如，2020年2月13日，在全面抗击新冠肺炎疫情阶段，中共海南省委网信办联合快手平台发起“共抗疫情 海南在岗”话题活动，邀请快手用户用手中的镜头，记录人们在平凡岗位做出的不平凡贡献。截至2020年2月26日，已有718个作品上线，播放量达到了9283.1万次，在此过程中涌现出多个热门快手账号。

当然，对于快手账号来说，风格定位、内容定位都无法一蹴而就，运营人员必须在前期做好对标参考，结合自己的想法与创意对账号进行精准定位。

◆快手最受欢迎的6大内容类型

（1）有趣的生活记录。

快手平台上的短视频内容更加生活化、更接地气，如做饭、做木工、编竹篮、摘水果等，还有一些改编自现实生活的短视频。这些贴近生活的内容非常容易获得用户认可，让用户产生归属感。

（2）创意性内容。

在快手平台，模仿、拍同款都是已经过时的玩法，快手用户非常看重内容创意，对此提出了极高的要求。另外，如果内容富有创意，会极大地提升账号的竞争力，在竞争激烈的快手平台实现可持续生存与发展。以快手头部达人“V手工～耿”为例，他凭借出色的手工技术以及略带魔性的视频风格收获了大批粉丝，目前他的粉丝数量已经超过400万，如图16-6所示。

图16-6 “V手工～耿”的快手内容

（3）引发情感共鸣的内容。

过去，普通社会大众有表达欲望，但是没有话语权，短视频平台的崛起为这类群体提供了一条发声途径，会聚了数亿普通大众的快手平台更是如此。为此，快手账号在制作短视频时必须直击用户痛点，切中用户需求，引发情感共鸣。而引发情感共鸣的最佳方式就是输出价值观，如“全面抗疫，有你有我”等，如图16-7所示。

图16-7 “抗击疫情”快手短视频

（4）大众喜欢的，才容易上热门。

在内容分发方面，快手始终坚持“普惠”原则，导致热门视频结构呈现出“原生态”的特征。短视频上热门的规则非常简单，只要能够获得平台用户的喜爱与追捧即可，但众口难调，要想做到这一点也并非易事。为此，在确定账号定位与内容定位时，内容创作者必须了解快手平台最受欢迎的内容类型。

在快手发布的“TOP100短视频榜单”中，生活记录类短视频占比最高，达到了40%~60%，搞笑、段子类短视频次之，占比24%~30%；美食类短视频居其后，占比大约为10%。短视频账号可以据此确定自己的内容类型。

（5）写实的内容更容易得到推荐。

受用户属性影响，专业度太高、制作过于精良的短视频很容易拉大创作者与用户之间的距离，反而那些接地气的内容更受欢迎，更容易出现在平台的热门推荐中。这就提醒快手的内容创作者在创作内容时一定要遵循平台逻辑，保持理性、克制。虽然精美的内容符合创作者的审美偏好，但有可能让用户产生距离感。

以快手达人“爱吃的小羽”为例，这个账号发布的短视频风格酷似美食达人李子柒，但拍摄手法、内容呈现技巧远不如李子柒精良，场景使用、内容取材也不如李子柒丰富多变，但这就是快手风格，可以在快手实现大范围传播，如图16–8所示。

（6）弘扬正能量的内容更容易受“老铁”追捧。

热情、友爱是快手“老铁文化”的核心。在快手平台播放量排名前100的短视频中，无论生活记录类短视频，还是搞笑段子类短视频，其主题只要是弘扬正能量，赞扬社会美德，传递国威军威，都能获得快手用户的积极响应。

以“中国火箭军”为例，目前，该账号的粉丝数量超过了570万，在五四青年节之际发布的短视频《逐梦军营　砺剑青春》获赞量超过18万，播放量超过488万，评论区不乏“加油”“骄傲”“致敬”等词，如图16–9所示。

图16-8 “爱吃的小羽”快手短视频

图16-9 “中国火箭军”快手短视频

需要注意的是，因为短视频的时长较短，用户理解能力参差不齐，想要在最短的时间内获得关注，必须将所有观点清楚、直白地表达出来。

第3步：标题设置与优化

在完成短视频制作后，在发布之前，创作者必须为短视频设置一个极具吸引力与感染力的标题。在短视频运营过程中，这是一个非常重要的环节。一个好的标题不仅可以吸引用户的目光，提高点击率与播放量，还能切中平台的推荐逻辑，让短视频实现大范围传播。相反，一个不好的标题极有可能将优质内容埋没，导致短视频创作者的辛苦与努力付诸东流。那么，创作者怎样才能为短视频设置一个合适的标题呢？短视频标题拟定的9大方法如图16-10所示。

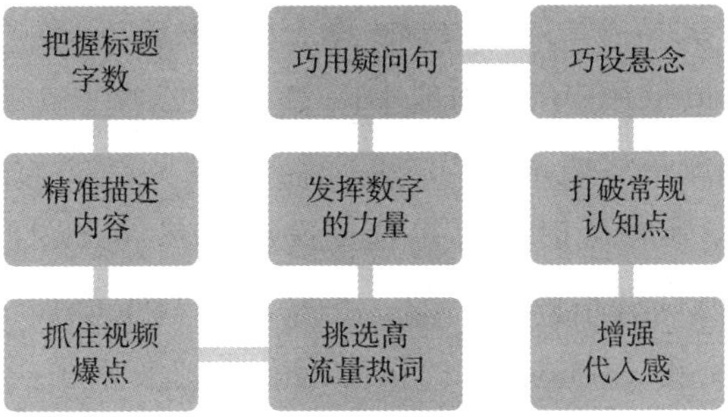

图16-10 短视频标题拟定的9大方法

（1）把握标题字数。

根据快手平台的要求，短视频标题字数要控制在10～30字，最好控制在20字以内，包括汉字、英文字母、标点符号、数字字符在内，字数过多或者过少都会导致短视频发布失败。标题字数不要过多，只要做到凝练、具有吸引力即可。

（2）精准描述内容。

短视频标题必须与内容紧密相关，因为快手的短视频分发系统会从标题中提取关键词，将其有针对性地推荐给用户，然后根据短视频的播放量、用户停留时长、评论数决定是继续向用户推荐，还是将其过滤掉。

因此，对于短视频标题来说，关键词就显得尤为重要。如果标题的关键词清晰简明，短视频就更容易被算法识别，推送给目标用户。用户看到关键词，如果符合其喜好、偏好，就会点击观看。根据平台算法，哪个账号发布的短视频的播放量越高，哪个账号就越容易获得平台推荐。为此，创作者必须为短视频添加明确的关键词，如“睡前一招，让你不知不觉瘦三斤”，如果用户有减肥需求就会点击观看。

（3）抓住视频爆点。

一个好的短视频标题除了要精准描述内容之外，还要展现视频爆点。如果一个标题能够将内容200%地展现出来，必然能够引爆平台。所以，创作者要尽量寻找短视频的爆点，将其在标题中呈现出来，借此提高标题的辨识度。当然，创作者最好将短视频爆点放在标题开头，帮用户明确短视频的重点内容，降低用户的观看成本。

（4）挑选高流量热词。

创作者在拟定标题时还可以选用高流量热词，选择这类词时可以参考热搜指数与百度指数。例如，在百度指数中添加“苹果手机”与“iPhone”，会发现“iPhone”的搜索指数是“苹果手机”的3倍。基于此，如果创作者要发布与苹果手机有关的内容，可以在拟定标题时选择“iPhone”，借此增强标题的吸引力，提高短视频的播放量。除此之外，在拟定标题之前，创作者还可以通过百度指数查询“需求图谱”与“人群画像”，让标题关键词与目标受众实现高度匹配。

（5）发挥数字的力量。

在快手平台，有一个指标最能体现流量质量，就是“页面停留时间”。那么，短视频创作者如何拟制标题，才能在用户滑动屏幕的几秒钟之内吸引用户驻足观看呢？有研究显示，含有数字的标题可以让用户形成快速记忆。例如，“7天教会你法语发音”与“法语发音入门”，同样的内容，前一个标题下的短视频的点击率必然更高。

（6）巧用疑问句。

陈述句、疑问句、感叹句是短视频标题最常用的句式，每一种句式都有自己的特色。其中，陈述句表达最完整，应用最广泛，但很难出彩；感叹句在表达观点与态度方面极具优势，但要避免流于形式，切忌一味地抒发个人情绪，给用户无病呻吟之感；疑问句可以激发用户的好奇心，相较于一般感叹句来说，这种句式的引导效果更好。例如，“你知道牙刷竟然还有这种功能吗？”“天哪，牙刷竟然有这种功能！”如果你是用户，你会点击哪个标题呢？我想大多数用户会选第一个。

（7）巧设悬念。

在标题中设置悬念，借助标题讲故事不仅可以增强短视频的吸引力、感染力，还能提升短视频的传播力、引导力。例如，“当无敌神算子遇上缺心眼”，看到这个标题你心中是否已经产生了疑问，开始思考神算子遇上缺心眼到底发生了什么呢？是缺心眼被神算子算计了，还是神算子被缺心眼算计了？虽然这个标题非常短，只有11个字，却带给人无限遐想，吸引大量用户点击观看。

（8）打破常规认知点。

为了提升短视频的曝光率，很多创作者开始蹭热点，导致平台出现了大量同质化的内容，引起了用户的反感。在这种情况下，打造差异化内容变得非常重要。例如，从一些热门事件中提取一些不符合常规的观点，将其植入标题，也可以有效地吸引用户。例如，在《哪吒之魔童降世》上映之际，一则名为《爆笑解说哪吒之魔童降世》的短视频火爆网络，这条短视频用一种全新的形式与节奏对这部电影进行解读，既搞笑又发人深思，播放量达到了73.9万。

（9）增强代入感。

增强短视频代入感是为了拉近短视频制作者与观众之间的心理距离，让用户从内心感受到短视频的价值，从而对短视频产生认可。一旦用户产生通过这条短视频表达自己的意愿，就会主动将其分享出去，为短视频带来更高的点击量与曝光率，打造一款爆款短视频。短视频标题拟制常用的增强代入感的方式有贴身份标签，如在标题中添加“90后”“××星座”“北漂青年”等字眼，直接确定目标受众，引发情感共鸣。

第4步：封面选图与设计

设置好短视频标题后，接下来就是选择短视频封面。对于用户来说，短视频封面对其了解短视频内容，决定是否观看有着直接影响。短视频封面的选择与截取有3种方法可用，具体分析如下。

◆根据视频内容选取封面图

根据内容截取封面，保证短视频封面图与内容存在密切关联。

（1）封面图与内容相关。

封面图与内容相关，可以将内容类型清晰地展现出来，让用户对内容有大致了解，以免错失一些目标用户。例如，美妆类快手号发布短视频时，可以用某个品牌的化妆品做封面图，或者截取创作者某个美妆画面做封面图，总而言之，封面图必须与“美妆”相关，以免让用户产生错误认知，错失目标用户，给短视频播放量造成不良影响。如果是品牌，可以选择旗下的某个典型产品做封面，以加深用户对品牌的印象。

（2）封面图以人物形象为主。

如果短视频创作者要选取某个人物形象做封面，需要注意以下几点：

第一，表情丰富。人物表情要丰富，给用户留下深刻印象。以“papi酱”为例，在短视频中，她的表情非常丰富，其团队经常用她搞怪的照片做封面，虽然会引起一些用户的吐槽，但也形成了独有的风格。所以，如果快手账号一定要选择一个人物形象做封面，不如选择一张表情丰富的照片，但要符合账号调性，不能为了夸张而夸张。

第二，打亲情牌。如果视频要表现亲情，唤起人们对亲情的向往，可以选择一个与亲人互动的场景做封面，例如，下雨天和父亲走在路上，父亲手中的伞一大半在孩子头顶，一侧的衣服被雨水打湿；或者假期结束，孩子乘坐的大巴车已经走远，父母依然在原地眺望。这些场景很容易击中用户柔软的内心，吸引用户点击观看。

第三，使用特效。如果短视频内容非常具有科技感，可以利用一些特效手段制作封面，例如，将背景虚化，营造一种朦胧感，或利用特效将自身形象卡通化，让用户产生强烈的好奇心点击进去一探究竟。

◆根据栏目特点选取封面图

（1）风格统一。

统一封面图的风格是为了形成账号特有的标志，这里所说的统一不是使用同一个封面图，而是使用统一的标识与风格。例如，快手账号“飞狗MOCO”以狗为原型创造了一个动漫形象，其发布的所有短视频都以这个小狗为封面，有的是单独的小狗，有的是人与小狗的互动，形成了独有的标识，如图16-11所示。

图16-11 “飞狗MOCO”封面图

（2）内容统一。

简单来说，内容统一就是做什么类型的短视频就用什么类型的封面图。例如，做与植物养殖有关的短视频，就用植物做封面图；做与萌宠有关的短视频，就用可爱的动物做封面图；做与美食相关的短视频，就用美味的食物做封面图。切忌封面图与视频内容错位，导致目标用户不会点击观看，非目标用户点击观看之后，却发现内容与封面不匹配，迅速退出。

（3）打造品牌形象。

仍以“飞狗MOCO”为例，创作者始终用这个小狗做封面，在用户心目中留下了深刻印象，忠实粉丝一看到这个小狗就能叫出它的名字，讲出它的来历，久而久之，这个小狗就成了这个短视频账号的一个重要标识，不仅可以增强用户认知与好感，还有利于品牌建设与品牌形象的提升。

◆选取封面图注意事项

选定封面图之后，接下来就是上传封面图。这一阶段有一些细节需要注意，如图16-12所示。

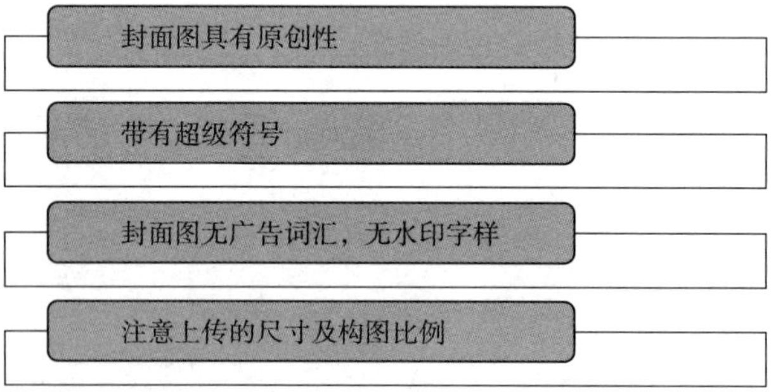

图16-12　选取封面图的4大注意事项

（1）封面图具有原创性。

短视频的封面图要具有一定原创性，如果要以某个人物做封面，最好截取她表演的某一帧画面，稍作修饰，增强封面图的立体感、光线感，形成自己的风格。如果是品牌为自己的产品做宣传短视频，可以使用产品图片做封面，对产品图片进行处理，贴上品牌logo或一些特有的标识，形成自己的特色，给用户留下深刻印象。

（2）带有超级符号。

封面图可以附加一些超级符号，例如，一个短视频的封面图有一个非常明显的红绿灯的标识，其主要内容可能就是讲解交通规则，或者还有可能延伸为职场规则、伦理道德等。如果某天猫店铺要通过快手做一场宣传活动，除了要精心设计封面文案，在文案中对店铺进行宣传外，还要附加一个天猫背景，增强整个封面图的表现力与吸引力。因为天猫的标志早已深入人心，用户看到这个标志就会明白这条短视频与天猫平台或天猫店铺有关。

（3）封面图无广告词汇，无水印字样。

短视频的封面图不能添加广告，不能有水印，否则不仅会导致短视频无法通过审核，即便能够顺利通过审核，能够获得的流量与推荐量也有限。

（4）注意上传的尺寸及构图比例。

创作者在快手上传短视频封面要注意封面图的尺寸，快手对封面图的尺寸要求是1125 × 708。为保证封面图可以完整地呈现出来，创作者要保证上传的封面图符合这一尺寸。

第5步：脚本规划与完善

脚本是拍摄短视频的依据，可以对短视频拍摄的各个环节进行统筹安排，包括某个人在某个环节做什么工作，以保证短视频拍摄效率与质量。在短视频拍摄过程中，包括摄影师、演员、服化道准备、剪辑师等在内的所有人的所有行为都要符合脚本安排。如果没有脚本，短视频拍摄过程中就会出现各种问题，例如，拍摄进行到一半发现场景不对，马上开始拍摄了演员还没有到位；短视频拍摄完成后送交剪辑师，剪辑师因为不知道最终要呈现出怎样的效果而无从下手等，这一系列问题都会造成人力、物力资源的严重浪费。为避免这些情况发生，短视频创作团队必须提前规划好脚本。

◆脚本的功能

对于短视频来说，脚本的功能主要体现在以下2个方面：

（1）提高短视频拍摄效率。

脚本就是短视频拍摄的提纲与框架，主要功能在于为后续的短视频拍摄、剪辑、道具准备提供指导。从这个意义上来讲，脚本之于短视频就像提纲之于作文，写文章之前必须先列提纲，才能保证行文流畅，切中主题。拍短视频之前先写脚本，才能保证短视频拍摄效率，不至于拍摄过程因为各种问题而中断。

（2）提高短视频拍摄质量。

虽然快手短视频的时长比较短，但要想吸引更多流量，提高转化率，必须注意各种细节，如景别设计、场景布置、服装准备、道具准备、台词设计、音乐配合、剪辑效果呈现等，这些都要在短视频脚本中做好设计与规划，否则很容易导致拍摄过程混乱，无法保证短视频质量。

◆前期准备

在撰写短视频脚本之前，短视频拍摄团队必须先整理好短视频拍摄思路与流程，脚本前期准备6大事项如表16–2所示。

表16–2　脚本前期准备6大事项

准备事项	具体内容
拍摄定位	在短视频拍摄前，拍摄团队要明确内容表达形式，如要做关于美食的内容，还是要做关于穿搭的内容等
拍摄主题	拍摄主题的功能是赋予内容定义。例如，如果短视频团队要制作一个服装穿搭系列的短视频，拍摄一条围巾的不同围法，这就是短视频的拍摄主题

续表

准备事项	具体内容
拍摄时间	确定拍摄时间有两大作用：一是提前和摄影师约定拍摄时间，以免届时摄影师有其他安排，影响拍摄进度；二是提前确定好拍摄时间，形成可行的拍摄方案，以免拖延拍摄进度
拍摄地点	提前确定好拍摄地点非常重要，因为室内拍摄与室外拍摄需要做的准备有很大区别。如果是室外拍摄，最好选择一个环境优美、人烟稀少的地方；如果是室内拍摄，要确保室内有足够的空间
拍摄参照	很多时候，设想中的拍摄效果与实际拍摄效果存在一定的差异。为避免这种情况发生，短视频制作者可以在拍摄之前与摄影师沟通，说明自己想要的场景与镜头，让摄像师有目的、有参照地进行内容制作
背景音乐	背景音乐是短视频必不可少的一部分，选择合适的背景音乐非常重要。例如，中国风调性的短视频要选择慢节奏的古典乐；运动风格的短视频要选择节奏清晰的音乐；拍摄家庭剧要选择温暖的轻音乐；等。为了选到合适的背景音乐，短视频创作者要在日常生活中多学习、多积累

◆脚本制作方法

拍摄脚本要对每一个镜头进行精心设计，包括景别、内容、台词、时长、运镜、道具，具体分析如下：

（1）景别。

景别包括远景、全景、中景、近景、特写。以拍人物为例，远景就是覆盖人物及其所在的环境，常用来表现事件发生的环境、时间、气氛和规模；全景比远景近一些，覆盖人整个身体，常用来表现人的肢体动作或人物之间的关系；中景拍摄人体从膝盖到头顶部分，可以细致地表现人物的表情与肢体动作；近景拍摄人体胸部到头顶部分，可以细致地表现人的面部表情与神态；特写主要拍摄人的眼睛、鼻子、嘴、手指、脚趾等细节部位，可以表现各种细节。

（2）内容。

内容就是通过各种场景想要表达的东西，具体来说就是拆分剧本，将想要呈现的内容通过每一个镜头表现出来。

（3）台词。

台词是为内容服务的，在短视频拍摄中发挥着画龙点睛的作用。台词设置要控制好字数，一个时长60秒的短视频，台词字数不能超过180个字，否则节奏太快，会增加理解难度，让听众产生疲惫感。

（4）时长。

时长指的是单个镜头的时长，在脚本中标记清楚不仅能够为后期剪辑提供方便，还能帮后期剪辑找到重点，提高剪辑效率。

（5）运镜。

运镜指的是镜头运动的方式，包括前推后拉、环绕运镜、低角度运镜等方式，如表16-3所示。

表16-3　短视频拍摄的3大运镜方式

运镜方式	运镜技巧
前推后拉	前推指的是让镜头向物体方向匀速移动，从远到近，让景别逐渐从远景到中景到近景，再到特写，通过这种运镜方式突出主体，将观众的视线聚集到想要表现的物体上。后拉指的是让镜头匀速远离物体，运动方向与前推相反，呈现出的景别、画面最终的效果也与前推相反
环绕运镜	环绕运镜需要相机保持不动，拍摄者面对被拍摄的物或人，手持稳定器进行旋转移动，以起到突出主体、渲染情绪、增强画面张力的作用
低角度运镜	低角度运镜需要拉低镜头，让镜头贴近地面进行拍摄，镜头与地面的距离越近，表现出来的空间感越强。低角度运镜也可以聚焦某个部位，如聚焦腿部，拍摄人腿部行走

除此之外，运镜的方法还有很多，只要拍摄者能够熟练使用稳定器，就可以在最基础的运镜动作上添加一些其他的元素，让镜头表现更多元化，更有动感。

（6）道具。

短视频拍摄可以选用的道具非常多，使用什么道具，在什么时候使用，脚本必须予以明确，以免因为道具太多或道具缺失，或道具入场不当，给短视频拍摄造成不良影响。

总体来看，短视频脚本的形式要尽量简单，内容要尽量丰富，与短视频的特点相契合。

第6步：视频拍摄与美化

在短视频拍摄过程中，为保证短视频最终的呈现效果，拍摄者要注意构图与光线。另外，因为很多人都用手机拍摄短视频，所以短视频拍摄还要做好防抖工作。

◆构图

短视频拍摄要注意构图，只有做好构图才能凸显拍摄对象，让画面主次分明、简洁明了，带给观众更好的视觉体验。短视频拍摄可以使用的构图技巧非常多，下面介绍4种常用技巧：

（1）不要把拍摄对象放在墙面前。

一个短视频画面需要容纳很多元素，包括演员、演员的动作以及即将发生的事件，拍摄者必须考虑如何将这些元素全都放入画面，而且不让画面显得凌乱不堪。有时，拍摄者投机取巧，将拍摄对象放在墙前面，然后从固定角度与方向进行拍摄，不仅让画面显得单调、呆板、没有美感，而且很容易漏掉信息，导致短视频内容不完整。

（2）对着墙角拍摄。

短视频想要被观众记住，画面必须有深度，有足够的感染力，能够让人产生联想，这一点可以通过构图及把握拍摄技巧来实现。在这方面，最简单的方法就是对着墙角拍摄，因为面向对角线拍摄可以增加空间的深度，让人产生无限的遐思，从而对短视频产生深刻的印象。所以，对于新入门的短视频创作者来说，只要将手机或相机放到墙壁的对角线上，面向墙角，就能立刻拍出“大片儿”。

（3）尽量展示外景。

很多新入门的短视频创作者喜欢在密闭的空间里拍摄，即便拍摄场地有窗户，也会将窗户密封起来，不希望观众被窗外的景色吸引，忽略拍摄主体。其实，这种想法有些偏颇。如果短视频拍摄场地有窗户，可以将镜头面朝窗户，将室外景色带入画面，有可能增强画面的戏剧感，产生意想不到的效果。

（4）将带有地标性的建筑物融入镜头。

如果选择在室外拍摄短视频，可以将当地的标志性建筑物融入镜头。例如，在上海拍摄，可以将东方明珠作为背景，让观众看到就能立即明白你所在的地点；在乡村拍摄，可以将一些带有明显乡村元素的东西带入镜头，如拖拉机、磨盘等。当然，为了避免这些事物扰乱观众的视线，影响短视频的拍摄效果，可以将背景虚化。

其实，从技巧方面看，短视频构图与视频构图是一样的，只是因为短视频时长较短，节奏相对较快，所以构图时要保证画面主体清晰，不能因为注重技巧而忽略了整个短视频的调性。

◆光线

无论拍视频还是拍照片，光线都非常重要。只要光线运用得当，视频或照片呈现的效果必能大幅提升。短视频拍摄过程中的光线变化包括顺光、逆光、侧逆光、散射光等，每一种光线变化都有自己独特的功能，具体分析如下：

（1）顺光。

顺光拍摄短视频可以高度还原色彩，拍摄出现的画面饱和度高、清晰度好，而且低感光度下画面质感强，更接近原型。如果用来拍摄景色，可以表现很多细节，尤其是云层的细节，再加上人与景物受光均匀，拍摄者可以有效掌控曝光。顺光拍摄也有一些缺点，如缺乏空间想象力、光质较硬、需要后期修饰等。所以，顺光拍摄短视频时必须利用镜头的景深特色来凸显拍摄对象，让画面富有变化，如图16–13所示。

图16–13 顺光拍摄

（2）逆光、侧逆光。

逆光、侧逆光拍摄可以形成较强的空间感，画面层次更加丰富，整个环境的通透度比较高。如果拍摄人物会出现轮廓光，可以营造出浪漫唯美的氛围。逆光、侧逆光拍摄的缺点在于曝光与细节比较难控制，需要拍摄者选好曝光点，有时还需要人为补光来控制画面反差，如图16–14所示。

图16–14 逆光拍摄

（3）散射光。

散射光指的是太阳光线被云层或雾气遮挡之后形成的均匀、柔和的照射状态。散射光不适合用来拍摄全景深的大场面，而且非常讲究色彩处理，色彩饱和度深受拍摄距离的影响，二者呈正相关关系。所以，利用散射光拍摄短视频时要选择鲜艳的元素做前景，增强画面反差，以免景物影调显得过于平淡，如图16–15所示。

图16–15　散射光拍摄

综上所述，每种光线都有自己的优缺点，拍摄短视频时可以综合运用多种光线来凸显拍摄主体，同时要保证光线均匀，提高画面的清晰度。如果拍摄现场的光线晦明晦暗，可以进行补光。

◆防抖

用手机拍摄短视频有一个非常重要的事项就是防抖，如果画面抖动过于严重，会严重影响观众的观看体验。那么，短视频创作者拍摄短视频时如何做好防抖工作呢?

（1）步伐、姿势和环境。

对于短视频创作者来说，步伐、姿势和环境是防抖的基本功。

首先，在拍摄短视频的过程中，如果创作者需要移动，上半身尽量保持固定，动作要少，屈膝，小碎步移动，尽量做到上半身不动下半身动。

其次，如果拍摄者要旋转镜头，要以整个上半身为轴，依靠下半身的力量慢慢旋转，尽量不要使用手关节。

最后，如果要拍摄移动短视频，拍摄者要在拍摄之前想好移动路径，尽量选择平整的路线，先试走一遍，确保无误后再开始正式拍摄。

（2）防抖硬件。

目前，已经有手机厂商面向用户的防抖需求推出了具有防抖功能的手机，相较于普通手机来说，这类手机拍摄出来的短视频画面要稳定很多。除此之外，市面还有很多“防抖神奇”，如手机防抖稳定器，利用陀螺仪和电机在两个或多个空间轴上保持手机平稳，防止拍摄过程中出现角度晃动，如图16–16所示。

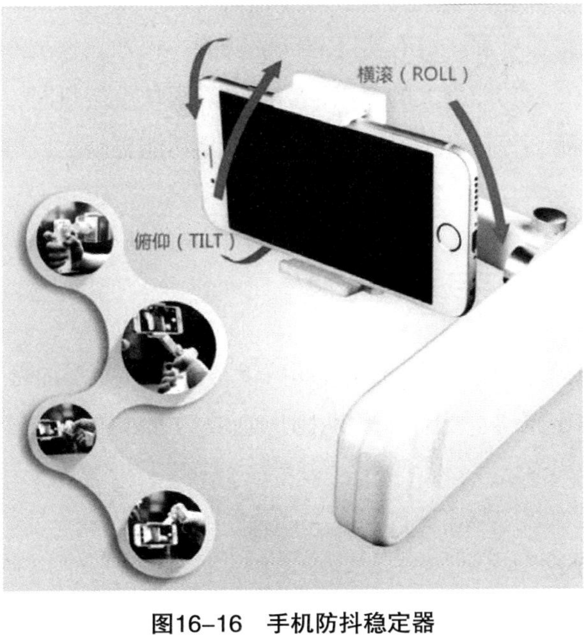

图16–16　手机防抖稳定器

目前，市面上的这类产品非常多，短视频创作者在选择这类产品时要注意以下几点：

一是轴向。目前市面上的防抖稳定器，有的有两个轴，有的有三个轴。三轴防抖稳定器的轴向更多，可实现的功能更丰富，价格也相对要高。

二是兼容性。兼容性指的是防抖稳定器适合多大尺寸、多少重量的手机使用，是否支持连接三脚架、自拍杆等。

三是模式。防抖稳定器支持哪几种锁定模式、跟随模式等。这些模式可以在最大程度上帮助短视频创作者节省创作时间，提高创作效率。

四是电池。拍摄者要根据自己的拍摄强度来考虑电池容量。日常拍摄时间长、强度大，要选择电池容量大的防抖稳定器，以免在拍摄过程中因电池亏电而中断拍摄。

总而言之，短视频拍摄者在选择这类产品时不要盲目，要根据自己的实际需求与经济承受能力进行综合考虑，在满足使用需求的情况下稍微考虑扩展即可，不用太追求那些没有实际意义的功能。再加上这类产品更新速度极快，即便选择一款功能强大的产品，也有可能很快就会过时，不如选择一款当下适用的产品，等自身拍摄能力提升，产品功能更新之后再更换新产品。

第7步：后期制作与完善

短视频拍摄完成后需要进行后期剪辑与制作，如添加特效、添加配乐或配音、添加字幕等。为保证后期制作效果，可以在规划脚本时将这些内容描述清楚。

◆添加特效

打开快手，点击屏幕中间的“+”按钮开始拍摄短视频，短视频时长可以选择11秒、57秒或5分钟，拍摄过程中可以选择使用“魔法”，拍摄完成后点击“下一步”，选择“特效”。快手为用户提供的特效非常多，包括缩放、热浪、灵魂爆裂、信号抖动、节奏分格等，用户可以根据自己的需要自行选择。在此页面，创作者还可以点击“分屏”，选择“两屏”“三屏”“模糊三屏”等。添加完特效之后，创作者可以点击完成，然后返回，点击“添加配乐”，如图16–17所示。

图16–17 快手短视频添加特效

◆添加配乐

快手会自动为创作者提供一些音乐，大多是当下流行的配乐，如“小可爱”“你若三冬”“你像花儿”等。创作者可以直接点击试听，然后选择一首自己喜欢的音乐，还可以在日常生活中收藏一些自己喜欢的音乐，将其添加到短视频中。另外，快手还为创作者提供了“变声”功能，创作者可以选择一种声效变声，如小黄人、机器人、大叔、萝莉、小姐姐等。

◆添加字幕

点击页面右上角位置的“文字”，即可为短视频添加字幕。

进入字幕页面，点击“文字”，创作者可以选择字幕的字体与颜色；点击“字幕”，可以选择自动识别字幕。为了丰富字幕效果，创作者还可以使用一些软件来制作字幕，如“爱剪辑”“快字幕”等。下面以“快字幕”为例，对字幕添加流程进行具体阐述。

第一步，下载快字幕。

第二步，点击红色按钮，选择想要添加字幕的视频，然后软件就可以根据视频声音自动生成字幕，如图16–18所示。

图16–18　快手短视频添加字幕

第三步，因为汉字中有很多同音字，所以自动生成的字幕可能会出现些许错别字。在这一环节，创作者的任务就是检查字幕，找到这些错别字，点击底部的“编辑”按钮进行修改。

如果创作者觉得字体太单调，可以点击底部的“字体”“背景”等按钮，让字体富于变化。

短视频的后期制作是一个比较烦琐的过程，创作者要提前设想好短视频的最终呈现效果，有目的地进行选择，以免在这个环节耗费太多时间，影响短视频的产出效率。

第 17 章

IP营销：短视频吸粉引流攻略

赋能个人IP：优质短视频创作技巧

随着移动互联网的流量红利逐渐消失，越来越多的企业与个人开始拓展流量获取渠道。在此形势下，日活跃用户量突破3亿的快手进入人们的视野。从吸粉引流的角度看，日活如此之高的快手具有巨大的挖掘价值，不仅引流成本低，而且操作简单，效果显著，可以长期操作、持续引流。下面对企业或个人利用快手吸粉引流的方法进行简单介绍。

◆影响短视频点击率的因素

在阐述引流方法之前，我们必须先了解影响短视频点击率的几大因素。快手首页有三个模块，分别是关注、发现和同城，不同模块拥有不同的流量。快手用户发布作品之后，平台会进行审核，将违反平台规则的内容剔除，对通过审核的内容进行推荐。在这方面，快手有一套独特的循环排名算法，会根据作品的热度进行排名。

热度=播放次数+喜欢次数+评论数

需要注意的是，短视频所有的数据与流量都必须是真实的，否则会被封号。

当作品拥有足够的热度之后就会上热门。如果作品质量足够好，热度足够高，上热门之后播发量达到几十万次，就有机会再次上热门。在快手平台，热门就意味着流量。由此可见，影响短视频点击率的因素不只有平台推荐，还包括作品本身的质量与吸引力。

◆引流方式有哪些

注册成为快手用户之后，就可以在平台发布内容，看到这些内容并对其产生兴趣的用户会主动点击关注。如果是品牌发布的与产品有关的短视频，看到短视频后产生购买冲动的用户会主动询问购买方式，这样一来就达到了引流变现的目的。

需要注意的是，如果品牌利用快手平台发布与产品有关的内容，一方面要保证内容与产品高度契合，另一方面要了解什么内容可以发布，什么内容不可以发布。例如，硬广告视频不宜发布，会给用户的观看体验造成不良影响，而不影响观看体验且含有软植入的视频就可以发布。为了获得用户青睐，长期吸粉引流，品牌发布短视频时必须注意以下2点：

（1）视频原创。品牌要尽量发布原创短视频，因为只有原创短视频才能上热门，但为了保护原创短视频的权重，快手针对原创短视频设计了非常严格的审核方式。所以，品牌想要发布原创短视频，必须保证短视频的原创性。如果创作者没有灵感，可以模仿、参照同类短视频，但切忌抄袭、搬运。

（2）评论引流。将快手昵称修改成微信昵称或微信号，然后用这个账号去热门短视频的评论区发表评论。因为所有评论都要经过平台审核，所以评论尽量不要带敏感词，如果无法规避，可以用同义词代替。评论内容要带有一定的引导性，引导其他用户进入自己的账号主页查看资料。如果每天坚持评论引流，就能给账号带去源源不断的流量。

◆视频上传后“找不到了”怎么办

很多用户发现短视频发布成功后，第二天就不见了。这个“不见”不是被其他短视频覆盖，而是被平台删除了。那么，快手用户如何判断自己发布的内容是否被平台删除了呢？

首先，发布短视频之后，用户可以进入同城模块进行搜索，如果找不到就是被删除了。其次，快手用户可以多注册几个账号相互关注，发布短视频之后立即登录其他的账号查看，如果找不到，就是被平台删除了。面对这些情况，用户要重新审视自己的作品是否存在违规内容、是否与其他账号的内容有所重复等，发现问题要及时处理，保证作品可以成功发布。只有发布成功，才有吸粉引流的可能。最后，为了保证吸粉引流效果，短视频创作者还要注意作品发布时间，尽量选择在用户活跃度比较高的8:00 ~ 11:00或16:00 ~ 19:00发布，以免作品还没有被更多用户看到就被其他作品覆盖，无法起到吸粉引流的作用。

吸粉引流：短视频运营的3大攻略

品牌或个人想要利用快手吸粉引流，必须了解快手平台的运营规则，掌握吸粉引流的技巧，以免被后台打上“废号”的标签，被限制流量，永远无法上热门。快手平台吸粉引流的3大技巧如图17-1所示。

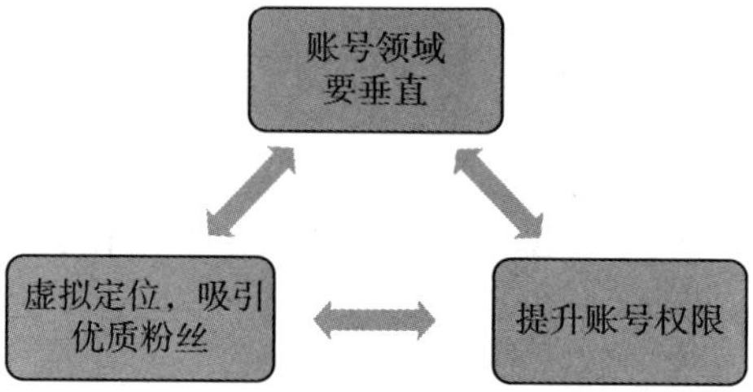

图17-1　快手平台吸粉引流的3大技巧

（1）账号领域要垂直。

想要做好吸粉引流，快手账号必须聚焦一个垂直领域，始终保持同一种风格。例如，某快手账号定位美妆，就要一直分享与美妆有关的内容，某账号定位美食，就要一直分享与美食有关的内容，切忌三心二意，不停变换内容主题与风格，导致粉丝无法确定账号的内容定位，快手官方也无法定义账号类型，不知道应该给账号打上什么标签，给吸粉引流造成不良影响。

如果某快手账号一直发布同一类型的内容，如美食，快手官方就会给账号打上“美食”的标签。之后，账号每发布一个作品，快手平台就会自动将其推送给经常观看美食内容、带有美食标签的用户观看，久而久之，账号就能积累一批高忠诚度的粉丝。

（2）提升账号权限。

快手短视频创作者不能只专注于内容生产，还要经常观看其他账号发布的内容，双击点赞、留言评论、关注转发，做好与其他账号的互动，提升自己在平台的活跃度，进而提升账号权限，挖掘更多功能。例如，在其他账号的评论区留言评论，因为一句见解独到的话获得了成百上千的点赞，成为一条热门评论。部分用户会因为这条评论对账号产生兴趣，从评论区直接进入账号主页查看。如果账号发布的作品符合其喜好，就会获得关注。业内将通过这种方式获得的粉丝称为“热评粉”，是快手账号吸引粉丝的一条重要途径。

（3）虚拟定位，吸引优质粉丝。

在快手平台，内容创作者想要脱颖而出必须拥有大规模的流量，获得较高的关注。但因为快手用户非常多，而推荐位只有为数不多的几个。如果无法上热门，获得推荐，账号就很难在短时间内获得大量优质粉丝。为了解决这个问题，快手账号可以虚拟定位，将自己的位置修改到某个大城市。账号虚拟定位的优点如下：

第一，相较于小城市的用户来说，大城市的用户消费能力强，吸粉引流、流量变现要容易很多。例如，甲乙两个账号生产同类型的内容，个人素质与能力也相差无几，但甲账号在某个小县城，地处偏远，附近的快手用户不多，无法吸引太多粉丝；乙账号位于北京，随便发布一个短视频就能获得较高的播放量。无论粉丝数量还是直播收益，乙账号都遥遥领先。在这种情况下，如果甲账号将位置修改到北京、上海、广州等大城市，两个账号就可以同步竞争，甲账号也能像乙账号一样吸引流量，积累粉丝，进行流量变现。

第二，在快手平台，新账号可以吸引附近的人成为粉丝，但随着附近的人转化殆尽，新账号获取粉丝的难度将与日俱增。此时，为了吸引新粉丝，账号就要修改定位。

那么，快手账号如何修改定位呢？这里需要用到一个工具，就是手机虚拟定位修改器，操作非常简单：

第一步，连接手机，打开软件，进入界面。此时，位置信息处于未设置状态。

第二步，在地图上点击想要定位到的城市，如果地图上的位置不精准，可以自主搜索设置位置信息。

第三步，点击完成。到这里，手机的位置信息就修改好了，快手账号可以用这个新的位置来吸引更多优质粉丝，如图17-2所示。

图17–2　虚拟定位的操作方法

上热门：快手官方推广的7大规则

从广义上来讲，热门指的是播放量、点赞数、评论数都比较多的作品。在快手平台，热门作品被用户划分为不同的类型，播放量超过1万不足10万的作品称为小热门，播放量超过10万不足100万的作品称为中热门，播放量超过100万的作品称为大热门。甚至有的用户认为，只要作品上了热门，就能被平台上所有的用户看到。

事实并非如此，真正的热门指的是用户发布的作品在某个时间段获得了较高的播放量、点赞与评论，从而产生了一定的热度。快手平台通过大数据分析，结合热度排名，将该作品在某个时间段不限次数地向喜欢这类内容的用户推送，也就是将作品推送到发现页。

这就说明了两个问题：

第一，在某个时间段，即便某条短视频的播放量只有几千，也有可能成为热门短视频。

第二，无论作品的热度有多高，只能被喜欢这类内容的用户看到，无法被所有用户看到。

因此，快手平台的短视频创作者想要让自己的作品上热门，必须做好4件事，如图17–3所示。

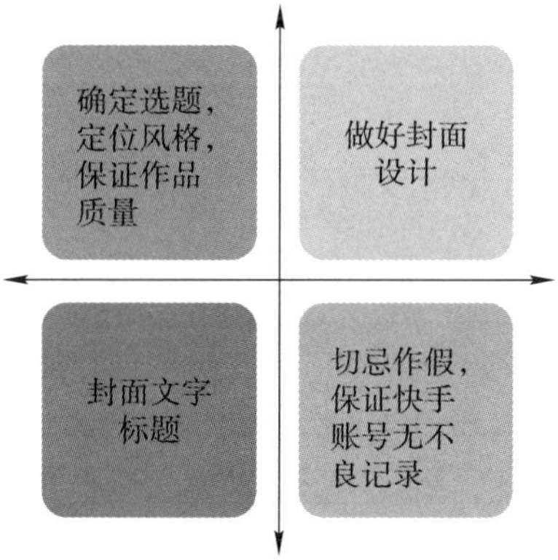

图17–3 快手短视频上热门的4大注意事项

（1）确定选题，定位风格，保证作品质量。以品牌快手号为例，如果品牌的目标客户群体是女性，为了吸引更多女性粉丝，品牌账号必须发布女性用户感兴趣的内容，如瘦身、美食、美妆、手工、绘画等，同时要考虑品牌的产品类型及创作者个人擅长处理的素材，根据这些确定内容类型。

（2）做好封面设计。对于短视频来说，封面非常重要，一个好的封面可以在极短的时间内吸引用户注意，让用户点击观看，增加作品热度。需要注意的是，封面设计要在内容的基础上进行创意，不能脱离内容天马行空，单纯地为吸引用户注意而设计一些比较独特、花哨的封面。

（3）封面文字标题。封面文字与封面一样重要，一个醒目的标题可以瞬间激发用户的好奇心，吸引用户点击观看。封面标题有几种常用的设计方法，如疑问法、惊讶法、解密法等。疑问法如“武汉封城之下她是怎么离汉抵京的？”惊讶法如“武汉传来重大好消息！”解密法如“过年制作老式锅包肉要掌握哪些窍门？新手请进”。标题设置必须结合内容，否则很容易因标题与内容不符收到用户投诉。

（4）切忌作假，保证快手账号无不良记录。不要用曾经发布过违规内容的账号发布精心制作的作品，否则很容易被官方屏蔽。

◆上热门的7个小技巧

想要让短视频作品上热门，创作者可以采用7大技巧，如图17-4所示。

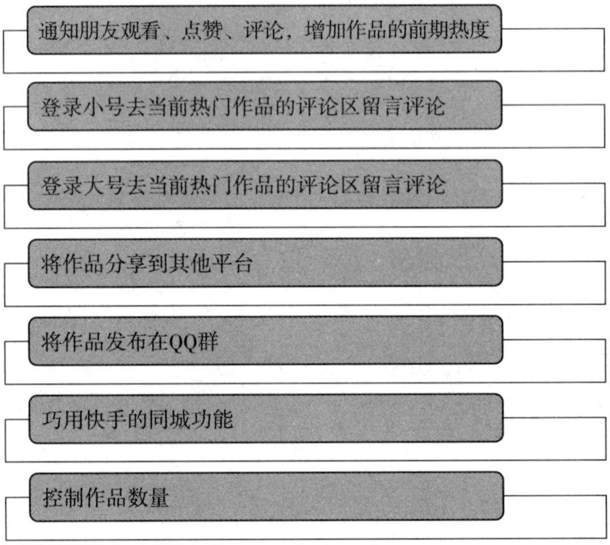

图17-4　短视频上热门的7大技巧

（1）作品发布完成后，第一时间通知你的朋友观看、点赞、评论，或用自己的其他账号观看、点赞、评论，增加作品的前期热度。如果使用第二种方法，一个账号至少要准备5个小号。

（2）登录小号去当前热门作品的评论区留言评论，评论内容可以这样写：想看更多精彩短视频请点击×××（@你的大号）。

（3）登录大号去当前热门作品的评论区留言评论，直接写：想看更多精彩短视频请点我。虽然这种方法的引流效果比较好，但不能频繁使用，1小时最多评论3次，否则很容易被禁言。

（4）将作品分享到其他平台，如微博、微信等，让微信好友、微博粉丝点击观看，增加作品的播放次数。即便这些用户不评论，也能为短视频带来真实的流量。对于快手账号来说，站外流量与站内流量同样重要，可以极大地增加作品上热门的可能性。

（5）将作品发布在QQ群，与群内其他短视频创作者相互关注，将作品发给对方，让对方给自己点赞，报酬就是给对方的短视频点赞。互粉群点赞可以极大地增加短视频的热度，提高作品上热门的概率。

（6）巧用快手的同城功能。同城意味着与你在同一个城市，与你距离比较近的用户可以看到你发布的作品，为了吸引这部分用户，短视频创作者可以选择一些人口密集的区域发布短视频，如商业中心、写字楼等。

（7）控制作品数量。据观察，一个账号一天发布1～2个短视频上热门的概率最大，除非作品质量极好，快手会为其提供三次上热门的机会。据统计，一条短视频发布成功之后，15～30分钟内播放次数不断增加，1小时的播放量突破2000，基本就可以上热门。

【案例】“筷味江湖”&快手探索城市IP打造新方式

2019年国庆节期间，成都以2000万人次的游客接待量再次成为国内旅游的热门城市。假期结束后，快手携“筷味江湖”走进成都著名旅游景点宽窄巷子，与40多家商户联动，为游客打造了一种全新的景区游览方式。

在这场短视频社交商业的尝试中，快手立足于四川的美食文化，将线上、线下的营销资源融合在一起，不仅为成都宽窄巷子带来了超级流量，还使“线上热门视频+线下热店联动”的营销方式取得了巨大突破。

◆赋能城市IP：快手×宽窄巷子96小时美食不打烊

成都以美食闻名，作为当地美食的聚集地之一，宽窄巷子早已成为成都旅游的必到之地。从2019年10月10日起，“筷味江湖”在宽窄巷子东广场架设“巨型火锅”，邀请美食爱好者一同感受“火锅涮自己”的乐趣。在活动现场，参与活动的游客纷纷“跳”下大火锅，体验别具一格的成都味道（见图17-5）。在这场活动中，“筷味江湖”与40家美食店铺联合，为美食爱好者定制了一场“火锅英雄挑战赛”，利用简单的互动游戏让游客体验宽窄巷子的新玩法，参与活动的游客还可以获得热门店铺的超值优惠券。

图17-5　宽窄巷子东广场架设的“巨型火锅”

10月13日，快手平台的美食创作者“@大胃王浪胃仙”“@麻辣德子”“@吃瓜少女魏淑芬”等来到宽窄巷子，用镜头带领粉丝寻找美食，参与趣味互动，让没能到达活动现场的用户可以通过镜头感受成都美食的麻辣鲜香，体会宽窄巷子的川味风韵。

“筷味江湖”发起的这场活动不仅让参与活动的用户“乐在其中”，还为参与活动的商家带来了新的启发。例如，某店铺通过参与活动，邀请快手达人探店，为消费者发放专属优惠券，让原本冷清的店铺变得热火朝天。另外，

“筷味江湖”这种线上+线下联动的营销方式也给其他店铺带来了大量顾客，这些顾客大多是通过观看快手短视频对店铺产生了极大的兴趣，专门前来体验的（见图17-6）。目前，入驻快手商家号的美食品牌越来越多，这些品牌通过发布美食短视频或开展直播活动获得了全新的机遇，沉淀了大量高价值的私域流量。

图17-6 “筷味江湖”活动现场

◆赋能网红IP：快手让城市地标再显生机

从报刊、电视等传统媒体到网络媒体，再到现在流行的社交媒体，技术的发展带动媒体持续变迁。在当今的社会环境下，传统的营销方式已经很难吸引用户关注，对于品牌主来说，如何利用新的营销方式挖掘城市IP的价值，扩大店铺在社交媒体用户心目中的知名度与影响力成为新诉求。

这一诉求与快手举办此次活动的目的不谋而合。这场活动不仅为粉丝带来美食盛宴，还为商家带来了明显的销售转化。从成都这座城市的视角来看，宽窄巷子与快手的这次联动是传统景区拥抱新潮流的重要实践。作为老成都“千年少城”城市格局和百年原真建筑格局的最后遗存，作为北方胡同文化和建筑风格在南方的“孤本”，宽窄巷子与快手联合举办的这场活动，赋予了宽窄巷子新内涵与新玩法，让这个古老的景点有了“年轻”的味道。

目前，快手商业基于庞大的流量与丰富的内容生态已经步入发展的快车道，正通过“体验+转化”“产品+技术”等独特的营销方式为城市赋能，挖掘城市IP的更多价值。在这方面，“筷味江湖”做出了成功示范。未来，随着快手的商业潜能不断释放，城市与品牌将积聚更多流量，获得更大的商业机遇与发展可能。